발달지체 영유아 조기개입 | 놀이편(II) 11

임경옥 저

학지사

머리말

　필자가 25년을 특수교육현장에 있으면서 느꼈던 가장 큰 안타까움은 장애 및 발달지체 영유아를 지도하기 위해 조기에 개입할 수 있는 지침서가 없다는 것이었다. 이와 관련하여 이들을 양육하는 부모와 현장에서 지도하는 교사들의 요구가 지속되었지만 감히 엄두를 낼 수가 없었다.

　그러나 대학에서 후학을 양성하고자 운영하던 특수교육기관을 정리하면서 그동안 미루어 왔던 장애 영유아 발달 영역별 지도를 위한 지침서를 현장 경험을 바탕으로 열정 하나만 가지고 집필하였고, 출간된 지 벌써 6년이 지났다.

　열정만 가지고 집필했던 지침서는 6년이 지난 현 시점에서 돌이켜 보면 부끄러워 감히 내놓을 수 없을 만큼 미숙하고 부족한 부분이 너무 많아 죄송한 마음을 금할 길 없다. 그럼에도 불구하고『장애 영유아 발달 영역별 지침서』(전5권)가 장애 영유아를 지도하는 데 많은 도움이 되었다는 장애아동의 부모님, 특수교사 그리고 장애 영유아를 위한 유아 교육현장의 통합반 담당 교사들에게 먼저 감사드린다. 그리고 부족한 부분에 조언을 아끼지 않고 오랫동안 이 책을 지켜봐 주신 주변 지인들에게도 감사의 인사를 드린다. 이러한 지원과 채찍은 기존에 출판된 저서의 미숙하고 부족한 부분을 보완하여 전반적인 수정과 더불어 다시 집필해야 한다는 책무로 다가왔다. 그러므로『발달지체 영유아 조기개입』에 대한 집필은 이 책을 아껴 주셨던 모든 분에게 감사의 마음으로 헌납하고자 심혈을 기울였으며, 처음 집필 시의 열정을 가지고 미숙하게 출간된 부끄러움을 조금이나마 만회하고자 최선을 다하였다.

　이 책은 시리즈로 구성되어 각 영역별로 구성되어 있다. '인지' '수용언어' '표현언어' '대근육과 소근육' '사회성과 신변처리' 등의 영역으로 구성되어 있으며, 각 영역별로 가정에서도 장애 및 발달지체 영유아를 쉽게 지도할 수 있도록 초점을 맞추었다. 이를 위해 가능한 한 전문적인 용어를 배제하고 가장 쉽게 이해할 수 있는 용어를 선택하고자 고심하였으며, 실제적이고 기능 중심적인 항목을 배치하고자 노력하였다. 그리고 각 항목마다 되도록 자세히 서술하였고, 각 책의 부록에는 각 영역별 발달수준을 체크하여 지도할 수 있도록 항목별 시행 일자와 습득 일자를 기록할 수 있는 관찰표를 수록하였다.

따라서 이 책을 활용하여 지도할 경우, 각 항목의 방법 1은 수행 여부를 가늠하기 위한 선행검사에 중점을 두었으므로 방법 1로 각 항목의 수행 여부를 관찰표에 기록한 후 지도하도록 한다. 이를 위해 각 영역별로 개인별 특성을 고려하여 장애 및 발달지체 영유아의 현재 나이를 기준으로 한두 살 아래와 위 단계까지 관찰표에 수행 여부를 기록한 후 지도할 것을 권장한다. 또한 각 항목별 수행 후 반드시 다양하게 위치를 바꾸어 수행 여부를 확인해야 하며, 특히 그림 지도 시에는 위치가 고정되어 있어 외워서 수행될 가능성을 배제할 수 없으므로 그림을 여러 장 복사한 후 그림을 오려서 다양하게 위치를 바꾸어 확인해야 한다.

강화제(행동의 결과로 영유아가 좋아하는 것을 제공하는 것. 예: 음식물, 장난감, 스티커 등) 적용은 각 항목의 방법에 적용되어 있는 순서를 참고하여 필요시 각 단계마다 적절하게 상황을 판단하여 제공해 줄 것을 제안한다. 그리고 처음 지도 시에는 자주 강화제를 제공하다가 점차 줄여 나가야 함을 유의하도록 한다.

끝으로, 이 책이 장애 및 발달지체 영유아를 양육하는 부모님과 이들을 현장에서 지도하는 모든 교사 그리고 장애 영유아를 위한 보육교사와 특수교사를 배출하는 대학의 교재로서 미력하나마 도움이 되길 진심으로 바란다. 또한 이 책의 출판을 맡아 준 학지사의 김진환 사장님을 비롯하여 완성도 높은 책이 출판될 수 있도록 힘든 편집과 교정 및 삽화 작업을 묵묵히 도와주신 편집부 김준범 부장님과 직원들에게도 감사드린다. 마지막으로, 이 책의 이해를 돕기 위해 사용한 삽화의 근간이 되어 준 『장애 영유아 발달 영역별 지침서』의 그림을 그려 준 딸 수지와 진심으로 격려해 주고 지원해 준 지인들에게 무한한 고마움을 전하며 모든 분에게 하나님의 축복과 영광이 함께하길 기원한다.

장애 및 발달지체 영유아의 행복한 삶을 기원하며
2022년 1월
임경옥

놀이편 (II)

 5~6세 —— — —— — —— —— — —— —— —— • 107

놀이편 (II)

일회용 접시의 구멍에 구슬 넣기 4~5세

목표 | 일회용 접시의 구멍으로 구슬을 넣을 수 있다.

자료 | 일회용 접시, 구멍 뚫린 일회용 접시, 구슬, 통(깔때기), 강화제

방법 ❶

- 교사가 일회용 접시에 구슬을 담아 제시한다.
- 교사가 다른 일회용 접시에 구슬을 넣을 수 있도록 구멍을 뚫어 제시한다.
- 교사가 일회용 접시의 구멍에 구슬을 연속적으로 넣는 시범을 보인다.
- 유아에게 교사를 모방하여 일회용 접시의 구멍에 구슬을 연속적으로 넣어 보라고 한다.
- 수행되면 유아 스스로 일회용 접시의 구멍에 구슬을 연속적으로 넣어 보라고 한다.
- 수행되면 교사가 일회용 접시의 구멍에 구슬을 넣고 뒤집은 후(사진 4 참조) 접시 밑에 깔때기를 놓은 다음(사진 5 참조) 구슬을 밀어 깔때기에 넣는(사진 6 참조) 시범을 보인다.
- 유아에게 교사를 모방하여 일회용 접시의 구멍에 구슬을 넣고 뒤집어 보라고 한 후 교사가 접시 밑에 깔때기를 받쳐 준 다음 구슬을 밀어 넣어 보라고 한다.
- 수행되면 유아 스스로 일회용 접시의 구멍에 구슬을 넣고 뒤집은 후 교사가 접시 밑에 깔때기를 받쳐 준 다음 구슬을 밀어 넣어 보라고 한다.

- 수행되면 유아의 특성에 맞는 적절한 강화제를 제공한다.

방법 ❷

- 교사가 일회용 접시에 구슬을 담아 제시한다.
- 교사가 다른 일회용 접시에 구슬을 넣을 수 있도록 구멍을 뚫어 제시한다.
- 교사가 일회용 접시의 구멍에 구슬을 연속적으로 넣는 시범을 보인다.
- 유아에게 교사를 모방하여 일회용 접시의 구멍에 구슬을 연속적으로 넣어 보라고 한다.
- 넣지 못하면 교사가 유아의 손을 잡고 일회용 접시의 구멍에 구슬을 연속적으로 넣어 준다.
- 교사가 유아의 손을 잡고 일회용 접시의 구멍에 구슬을 한두 번 넣어 주다가 유아에게 연속적으로 넣어 보라고 한다.
- 넣지 못하면 교사가 유아의 손을 잡고 일회용 접시의 구멍에 구슬을 연속적으로 넣는 동작을 반복해 준다.
- 교사가 일회용 접시의 구멍에 구슬을 잡은 유아의 손을 대 준 후 구슬을 연속적으로 넣어 보라고 한다.
- 도움을 점차 줄여 간다.
- 수행되면 유아 스스로 일회용 접시의 구멍에 구슬을 연속적으로 넣어 보라고 한다.
- 수행되면 교사가 일회용 접시의 구멍에 구슬을 넣고 뒤집은 후(사진 4 참조) 접시 밑에 깔때기를 놓은 다음(사진 5 참조) 구슬을 밀어 깔때기에 넣는(사진 6 참조) 시범을 보인다.
- 유아에게 교사를 모방하여 일회용 접시의 구멍에 구슬을 넣고 뒤집어 보라고 한 후 교사가 접시 밑에 깔때기를 받쳐 준 다음 구슬을 밀어 넣어 보라고 한다.
- 넣지 못하면 교사가 유아에게 일회용 접시의 구멍에 구슬을 넣으라고 한 후 유아의 손을 잡고 접시를 뒤집어 준 다음 접시 밑에 깔때기를 받쳐 구슬을 같이 밀어 넣어 준다.

- 교사가 유아에게 일회용 접시의 구멍에 구슬을 넣으라고 한 후 유아의 손을 잡고 접시를 뒤집어 준 다음 접시 밑에 깔때기를 받쳐 주고 유아에게 구슬을 밀어 넣어 보라고 한다.
- 넣지 못하면 교사가 유아에게 일회용 접시의 구멍에 구슬을 넣으라고 한 후 유아의 손을 잡고 접시를 뒤집어 준 다음 접시 밑에 깔때기를 받쳐 구슬을 같이 밀어 넣어 동작을 반복해 준다.
- 교사가 유아에게 일회용 접시의 구멍에 구슬을 넣어 뒤집어 보라고 한 후 교사가 접시 밑에 깔때기를 받쳐 준 다음 유아의 손을 잡고 구슬을 밀어 넣어 주다가 유아에게 넣어 보라고 한다.
- 도움을 점차 줄여 간다.
- 수행되면 유아 스스로 일회용 접시의 구멍에 구슬을 넣고 뒤집은 후 교사가 접시 밑에 깔때기를 받쳐 준 다음 구슬을 밀어 넣어 보라고 한다.
- 수행되면 유아의 특성에 맞는 적절한 강화제를 제공한다.

☞ 구슬을 구멍이 뚫린 종이접시의 앞쪽이나 혹은 뒤집어서 넣도록 지도해도 된다. 그리고 유아의 상태에 따라 유아 스스로 종이접시 밑에 깔때기나 투명 통을 놓고 구슬을 밀어 넣도록 지도해도 무방하다.

일회용 접시와 구슬 제공

일회용 접시에 구멍 뚫어 제시

구멍 뚫린 일회용 접시에 구슬 넣기

접시를 뒤집어 구슬 넣기

종이접시 밑에 깔때기 받치기

구슬 밀어 깔때기에 넣기

* 사진 출처: 령 트리오 재구성

112 수정토 분수

목표 | 수정토 분수 놀이를 할 수 있다.

자료 | 긴 플라스틱 병, 풍선, 수정토, 수정토 담을 통, 강화제

방법 ❶

- 교사가 병에 수정토를 담는 시범을 보인다.
- 유아에게 교사를 모방하여 병에 수정토를 담아 보라고 한다.
- 수행되면 유아 스스로 병에 수정토를 담아 보라고 한다.
- 수행되면 교사가 풍선을 분 후 바람이 새지 않게 주둥이 부분을 비튼(돌린) 후 풍선 주둥이 부분을 병 입구에 고정시켜 준다.
- 교사가 병에 담긴 수정토를 풍선에 모두 넣은 후 풍선의 바람을 빼 준다.
- 교사가 유아에게 수정토가 들어 있는 풍선을 준 다음 풍선 아래쪽을 잡아 보라고 한다.
- 교사가 풍선을 손으로 눌러 풍선 속 수정토가 밖으로 튀어나오게 하는 시범을 보인다.
- 유아에게 교사를 모방하여 풍선을 손으로 눌러 풍선 속 수정토가 밖으로 튀어나오게 해 보라고 한다.
- 수행되면 유아 스스로 풍선을 손으로 눌러 풍선 속 수정토가 밖으로 튀어나오게 해 보라고 한다.
- 수행되면 유아의 특성에 맞는 적절한 강화제를 제공한다.

방법 ❷

- 교사가 병에 수정토를 담는 시범을 보인다.
- 유아에게 교사를 모방하여 병에 수정토를 담아 보라고 한다.

- 담지 못하면 교사가 유아의 손을 잡고 병에 수정토를 담아 준다.
- 교사가 유아의 손을 잡고 병에 수정토를 담아 주다가 유아에게 담아 보라고 한다.
- 담지 못하면 교사가 유아의 손을 잡고 병에 수정토를 담는 동작을 반복해 준다.
- 교사가 병을 가리키며 유아에게 수정토를 담아 보라고 한다.
- 도움을 점차 줄여 간다.
- 수행되면 유아 스스로 병에 수정토를 담아 보라고 한다.
- 수행되면 교사가 풍선을 분 후 바람이 새지 않게 주둥이 부분을 비튼(돌린) 후 풍선 주둥이 부분을 병 입구에 고정시켜 준다.
- 교사가 병에 담긴 수정토를 풍선에 모두 넣은 후 풍선의 바람을 빼 준다.
- 교사가 유아에게 수정토가 들어 있는 풍선을 준 다음 풍선 아래쪽을 잡아 보라고 한다.
- 교사가 풍선을 손으로 눌러 풍선 속 수정토가 밖으로 튀어나오게 하는 시범을 보인다.
- 유아에게 교사를 모방하여 풍선을 손으로 눌러 풍선 속 수정토가 밖으로 튀어나오게 해 보라고 한다.
- 하지 못하면 교사가 유아의 손을 잡고 풍선을 손으로 눌러 풍선 속 수정토가 밖으로 튀어나오게 해 준다.
- 교사가 유아의 손을 잡고 풍선을 손으로 눌러 풍선 속 수정토가 밖으로 튀어나오게 해 주다가 유아에게 해 보라고 한다.
- 하지 못하면 교사가 유아의 손을 잡고 풍선을 손으로 눌러 풍선 속 수정토가 밖으로 튀어나오게 하는 동작을 반복해 준다.
- 교사가 풍선에 유아의 손을 대 준 후 유아에게 풍선을 손으로 눌러 수정토가 밖으로 튀어나오게 해 보라고 한다.
- 도움을 점차 줄여 간다.
- 수행되면 유아 스스로 풍선을 손으로 눌러 풍선 속 수정토가 밖으로 튀어나오게 해 보라고 한다.

• 수행되면 유아의 특성에 맞는 적절한 강화제를 제공한다.

☞ 풍선을 뒤집어 수정토를 밖으로 꺼내는 놀이를 할 수도 있다.

☞ 다음과 같이 확장 놀이(사진 참조)를 시켜 주면 효과적이다.
- 교사가 병에 수정토를 넣은 후 풍선 입구를 비틀어 병 입구에 씌운 다음 수정토를 풍선에 옮긴다.
- 수정토가 담긴 풍선 끝부분(입구)을 잡아 묶은 후 유아와 함께 다양한 스티커를 풍선에 붙여 꾸민다(예: 얼굴).
- 풍선을 그릇에 담은 후 풍선의 묶은 부분을 가위로 잘라 풍선을 손으로 만져 수정토가 바깥으로 튀어나오게 한다.

4~5
세

병에 수정토 담기

병에 수정토 담기

교사가 풍선 주둥이 부분 비틀어 주기

교사가 풍선 주둥이 부분을 병 입구에
고정시켜 주기

병에 담긴 수정토를 풍선에 넣기

교사가 풍선 바람 빼 주기

유아가 풍선 아래쪽을 잡게 하기

유아가 풍선 아래쪽을 잡게 하기

풍선 속 수정토 꺼내기

풍선 속 수정토 꺼내기

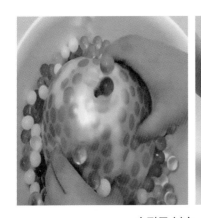

수정토 분수

풍선 뒤집어 수정토 꺼내기

* 사진 출처: 령 트리오 재구성

병에 수정토 담기

병에 담긴 수정토

풍선 입구를 비틀어 병 입구에 씌우기

풍선 끝 부분 잡기

풍선 묶기

묶은 풍선 모양

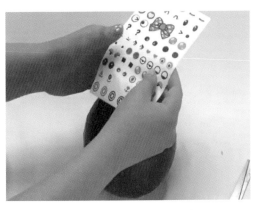

다양한 모양의 스티커 준비

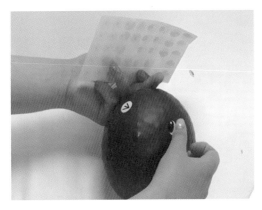

풍선에 스티커 붙이기

완성된 모양

풍선 입구 가위로 자르기

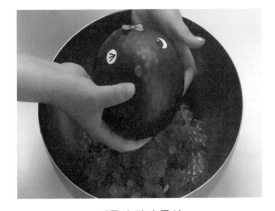

입구가 잘린 풍선

수정토가 튀어나오는 모양

* 사진 출처: 령 트리오 재구성

113 모래 속 보물찾기 4~5세

목표 | 모래 속에서 보물을 찾을 수 있다.

자료 | 모래, 보물(작은 장난감, 미니 자동차, 레고, 사탕 등), 강화제

방법 ❶

- 교사가 미리 모래 속에 유아가 좋아하는 것(예: 미니 장난감, 레고, 사탕 등)을 숨겨 둔다.
- 교사가 손으로 모래를 뒤집어 모래 속에서 보물을 찾는 시범을 보인다.
- 유아에게 교사를 모방하여 손으로 모래를 뒤집어 모래 속에서 보물을 찾아보라고 한다.
- 수행되면 유아 스스로 손으로 모래를 뒤집어 모래 속에서 보물을 찾아보라고 한다.
- 수행되면 유아의 특성에 맞는 적절한 강화제를 제공한다.

방법 ❷

- 교사가 미리 모래 속에 유아가 좋아하는 것(예: 미니 장난감, 레고, 사탕 등)을 숨겨 둔다.
- 교사가 손으로 모래를 뒤집어 모래 속에서 보물을 찾는 시범을 보인다.
- 유아에게 교사를 모방하여 손으로 모래를 뒤집어 모래 속에서 보물을 찾아보라고 한다.
- 찾지 못하면 교사가 유아의 손을 잡고 모래를 뒤집어 모래 속에서 보물을 찾아 준다.
- 교사가 유아와 함께 모래를 뒤집어 모래 속에서 보물을 찾다가 보물이 살짝 보이면 유아에게 찾아보라고 한다.
- 찾지 못하면 교사가 유아의 손을 잡고 모래를 뒤집어 모래 속에서 보물을 찾는 동작을 반복해 준다.
- 교사가 보물이 숨겨진 위치에 유아의 손을 대 준 후 유아에게 모래를 뒤집어 보물을 찾아보라고 한다.

- 수행되면 교사가 보물이 숨겨진 위치를 가리키며 유아에게 모래를 뒤집어 보물을 찾아보라고 한다.
- 도움을 점차 줄여 간다.
- 수행되면 유아 스스로 모래를 뒤집어 모래 속에서 보물을 찾아보라고 한다.
- 수행되면 유아의 특성에 맞는 적절한 강화제를 제공한다.

☞ 교사가 미리 모래 속에 보물을 숨겨 둔 후 보물이 숨겨져 있는 범위를 표시(예: 둥글게 깃발로 표시/ 끈으로 공간 표시 등)해 두도록 한다.

☞ 손 대신 모종삽(꽃삽)을 사용해도 되지만 되도록 손을 사용하여 모래의 촉감을 느끼게 해 주는 것이 효과적이다.

114 선과 같은 색 브레인 플레이크스 올려놓기 [4~5세]

목표 | 선을 따라 선과 같은 색의 브레인 플레이크스를 올려놓을 수 있다.

자료 | 브레인 플레이크스(Brain flakes), 도화지, 마커(크레파스), 강화제

방법 ❶

- 교사가 도화지에 마커로 선을 그려 제시한다.
- 교사가 선을 따라 선과 같은 색의 브레인 플레이크스를 올려놓는 시범을 보인다.
- 유아에게 교사를 모방하여 선을 따라 선과 같은 색의 브레인 플레이크스를 올려 놓아 보라고 한다.
- 수행되면 유아 스스로 선을 따라 선과 같은 색의 브레인 플레이크스를 올려놓아 보라고 한다.
- 수행되면 유아의 특성에 맞는 적절한 강화제를 제공한다.

방법 ❷

- 교사가 도화지에 마커로 선을 그려 제시한다.
- 교사가 예를 들어 보라색 선을 따라 선과 같은 보라색의 브레인 플레이크스를 올 려놓는 시범을 보인다.
- 유아에게 교사를 모방하여 보라색 선을 따라 선과 같은 보라색의 브레인 플레이 크스를 올려놓아 보라고 한다.
- 하지 못하면 교사가 유아의 손을 잡고 보라색 선을 따라 선과 같은 보라색의 브레 인 플레이크스를 올려놓아 준다.
- 교사가 유아의 손을 잡고 보라색 선과 같은 보라색의 브레인 플레이크스를 선에 대 준 후 유아에게 올려놓아 보라고 한다.
- 하지 못하면 교사가 유아의 손을 잡고 보라색 선을 따라 선과 같은 보라색의 브레

인 플레이크스를 올려놓는 동작을 반복해 준다.

- 교사가 보라색 선을 가리키며 유아에게 같은 색의 보라색 브레인 플레이크스를 올려놓아 보라고 한다.
- 도움을 점차 줄여 간다.
- 수행되면 유아 스스로 보라색 선을 따라 선과 같은 보라색의 브레인 플레이크스를 올려놓아 보라고 한다.
- 수행되면 교사가 예를 들어 파란색 선을 따라 선과 같은 파란색의 브레인 플레이크스를 올려놓는 시범을 보인다.
- 유아에게 교사를 모방하여 파란색 선을 따라 선과 같은 파란색의 브레인 플레이크스를 올려놓아 보라고 한다.
- 하지 못하면 보라색 선을 따라 선과 같은 보라색의 브레인 플레이크스를 올려놓는 것을 지도한 것과 같은 방법으로 지도한다.
- 수행되면 다양한 모양의 선과 색에 같은 색의 브레인 플레이크스를 올려놓는 것도 같은 방법으로 지도한다.
- 수행되면 유아의 특성에 맞는 적절한 강화제를 제공한다.

☞ 브레인 플레이크스는 다양한 용도로 사용(끼워서 모양 만들기, 같은 색 모으기, 색 변별 등)이 가능하며, 인터넷이나 교구점에서 쉽게 구입할 수 있다.

☞ 브레인 플레이크스가 없을 경우 색종이로 꽃 모양을 오려서 사용해도 무방하다.

☞ 선과 같은 색 브레인 플레이크스 올려놓기가 수행되면 유아의 특성에 따라 브레인 플레이크스로 사진과 같은 다양한 모양 만들기로 확장시켜 줄 수 있다.

4~5 세

브레인 플레이크스, 도화지, 마커

브레인 플레이크스

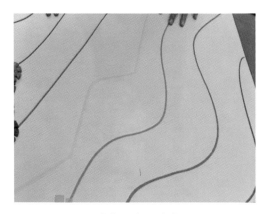

마커로 선 그리기

플레이크를 선 따라 놓기

선이 보이지 않도록 나열하기

선이 보이지 않도록 나열하기

선이 보이지 않도록 나열하기

완성되어 가는 모양

완성된 모습

엎기

브레인 플레이크스로 모양 만들기

브레인 플레이크스로 모양 만들기

* 사진 출처: 령 트리오 재구성

115 트리나무에 지문 찍기   4~5세

목표 | 트리나무에 지문을 마음대로 찍을 수 있다.
자료 | 트리나무 그림, 다양한 색상의 물감, 물, 팔레트, 강화제

방법 ❶

- 교사가 팔레트에 다양한 색상의 물감을 풀어 제시한다.
- 교사가 트리나무 그림을 그려 제시한다.
- 교사가 손가락에 물감을 묻혀 트리나무에 마음대로 지문을 찍는 시범을 보인다.
- 유아에게 교사를 모방하여 손가락에 물감을 묻혀 트리나무에 마음대로 지문을 찍어 보라고 한다.
- 수행되면 유아 스스로 손가락에 물감을 묻혀 트리나무에 마음대로 지문을 찍어 보라고 한다.
- 수행되면 유아의 특성에 맞는 적절한 강화제를 제공한다.

방법 ❷

- 교사가 팔레트에 다양한 색상의 물감을 풀어 제시한다.
- 교사가 트리나무 그림을 그려 제시한다.
- 교사가 손가락에 물감을 묻혀 트리나무에 마음대로 지문을 찍는 시범을 보인다.
- 유아에게 교사를 모방하여 손가락에 물감을 묻혀 트리나무에 마음대로 지문을 찍어 보라고 한다.
- 찍지 못하면 교사가 유아의 손을 잡고 손가락에 물감을 묻혀 준 다음 트리나무에 마음대로 지문을 찍어 준다.
- 교사가 유아에게 손가락에 물감을 묻히라고 한 후 유아의 손가락을 잡고 트리나무에 마음대로 지문을 찍어 주다가 유아에게 찍어 보라고 한다.

- 찍지 못하면 교사가 유아의 손을 잡고 손가락에 물감을 묻혀 준 다음 트리나무에 마음대로 지문을 찍는 동작을 반복해 준다.
- 교사가 유아에게 손가락에 물감을 묻히라고 한 후 유아의 손가락을 트리나무에 대 준 다음 유아에게 마음대로 찍어 보라고 한다.
- 수행되면 교사가 유아에게 손가락에 물감을 묻히라고 한 후 트리나무를 가리키며 마음대로 지문을 찍어 보라고 한다.
- 도움을 점차 줄여 간다.
- 수행되면 유아 스스로 손가락에 물감을 묻혀 트리나무에 마음대로 지문을 찍어 보라고 한다.
- 수행되면 유아의 특성에 맞는 적절한 강화제를 제공한다.

☞ 유아의 상태에 따라 도화지에 마음대로 지문을 찍게 한 후 수행되면 트리나무에 지문을 찍을 수 있도록 지도하면 된다.

☞ 유아의 상태에 따라 트리나무 중간중간 지문을 찍을 위치에 스티커를 붙여 준 후 스티커 위에 지문을 찍을 수 있도록 놀이를 확장시켜 줄 수 있다.

☞ 트리나무에 지문 찍기가 수행되면 간단한 모양(예: 동그라미, 세모, 네모, 하트 등)에 지문을 찍는 놀이로 확장시켜 줄 수 있다.

트리나무 그림 제시

손가락에 물감 찍기

트리에 손도장 찍기

손가락에 물감 찍기

트리에 손도장 찍기

손가락에 묻은 물감

완성된 지문 트리

완성된 지문 트리

트리와 물감 제시

손가락에 물감 묻히기

트리에 손도장 찍기

트리에 손도장 찍기

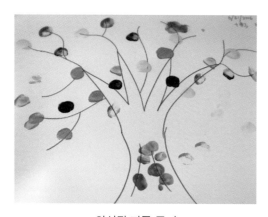

완성된 지문 트리

마음대로 찍기

* 사진 출처: 령 트리오 재구성

116 페트병 비눗방울 놀이 〔4~5세〕

목표 │ 페트병을 불어 비눗방울을 만들 수 있다.

자료 │ 500ml 페트병, 양파망이나 오렌지망, 다양한 색상의 비눗물, 플라스틱 통, 강화제

방법 ❶

- 교사가 미리 페트병 아래를 칼로 잘라 자른 부분에 양파망이나 오렌지망을 씌운 후 테이프로 붙여 놓는다.
- 교사가 다양한 색상의 비눗물을 각각의 플라스틱 통에 담아 제시한다.
- 교사가 좋아하는 색깔의 비눗물 통에 망을 씌운 페트병을 적신 후 페트병을 불어 비눗방울을 만드는 시범을 보인다.
- 유아에게 교사를 모방하여 좋아하는 색깔의 비눗물 통에 망을 씌운 페트병을 적신 후 페트병을 불어 비눗방울을 만들어 보라고 한다.
- 수행되면 유아 스스로 좋아하는 색깔의 비눗물 통에 망을 씌운 페트병을 적신 후 페트병을 불어 비눗방울을 만들어 보라고 한다.
- 수행되면 유아의 특성에 맞는 적절한 강화제를 제공한다.

방법 ❷

- 교사가 미리 페트병 아래를 칼로 잘라 자른 부분에 양파망이나 오렌지망을 씌운 후 테이프로 붙여 놓는다.
- 교사가 다양한 색상의 비눗물을 각각의 플라스틱 통에 담아 제시한다.
- 교사가 좋아하는 색깔의 비눗물 통에 망을 씌운 페트병을 적시는 시범을 보인다.
- 유아에게 교사를 모방하여 좋아하는 색깔의 비눗물 통에 망을 씌운 페트병을 적셔 보라고 한다.

- 적시지 못하면 교사가 유아의 손을 잡고 좋아하는 색깔의 비눗물 통에 망을 씌운 페트병을 적셔 준다.
- 교사가 망을 씌운 페트병을 쥔 유아의 손을 좋아하는 색깔의 비눗물 통에 대 준 후 유아에게 적셔 보라고 한다.
- 적시지 못하면 교사가 유아의 손을 잡고 좋아하는 색깔의 비눗물 통에 망을 씌운 페트병을 적시는 동작을 반복해 준다.
- 교사가 유아가 좋아하는 색깔의 비눗물 통을 가리키며 유아에게 망을 씌운 페트병을 적셔 보라고 한다.
- 도움을 점차 줄여 간다.
- 수행되면 유아 스스로 좋아하는 색깔의 비눗물 통에 망을 씌운 페트병을 적셔 보라고 한다.
- 수행되면 교사가 비눗물을 적신 페트병을 불어 비눗방울을 만드는 시범을 보인다.
- 유아에게 교사를 모방하여 비눗물을 적신 페트병을 불어 비눗방울을 만들어 보라고 한다.
- 불지 못하면 교사가 비눗물을 적신 페트병을 유아의 입에 대 준 후 손으로 입을 모아 준 다음 유아에게 페트병을 불어 비눗방울을 만들어 보라고 한다.
- 교사가 비눗물을 적신 페트병을 유아의 입에 대 준 후 유아에게 페트병을 불어 비눗방울을 만들어 보라고 한다.
- 불지 못하면 교사가 비눗물을 적신 페트병을 유아의 입에 대 준 후 손으로 입을 모아 준 다음 유아가 페트병을 불어 비눗방울을 만드는 동작을 반복해 준다.
- 도움을 점차 줄여 간다.
- 수행되면 유아 스스로 유아 스스로 좋아하는 색깔의 비눗물 통에 망을 씌운 페트병을 적신 후 페트병을 불어 비눗방울을 만들어 보라고 한다.
- 수행되면 유아의 특성에 맞는 적절한 강화제를 제공한다.

500ml 페트병

양파 혹은 오렌지망

페트병에 오렌지망 씌운 모양

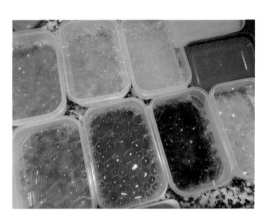

물감으로 다양한 색상의 비눗물 만들기

비눗물에 망을 씌운 페트병 적시기

물감에 적신 페트병 불기

* 사진 출처: 렁 트리오 재구성

35

117 계란판에 플레이콘 붙이기

4~5세

목표 │ 계란판에 스티커와 같은 색깔의 플레이콘을 붙일 수 있다.
자료 │ 계란판, 다양한 색깔의 플레이콘, 다양한 색깔의 스티커, 강화제

방법 ❶

- 계란판에 다양한 색깔의 스티커를 붙이는 것은 수행하였으므로 확인한 후 시행한다.
- 교사가 계란판에 다양한 색깔의 스티커를 붙인 후 스티커와 같은 색깔의 플레이콘을 붙이는 시범을 보인다.
- 유아에게 교사를 모방하여 계란판에 다양한 색깔의 스티커를 붙인 후 스티커와 같은 색깔의 플레이콘을 붙여 보라고 한다.
- 수행되면 유아 스스로 계란판에 다양한 색깔의 스티커를 붙인 후 스티커와 같은 색깔의 플레이콘을 붙여 보라고 한다.
- 수행되면 유아의 특성에 맞는 적절한 강화제를 제공한다.

방법 ❷

- 계란판에 다양한 색깔의 스티커를 붙이는 것은 수행하였으므로 확인한 후 시행한다.
- 교사가 계란판에 다양한 색깔의 스티커를 붙인 후 스티커와 같은 색깔의 플레이콘을 붙이는 시범을 보인다.
- 유아에게 교사를 모방하여 계란판에 다양한 색깔의 스티커를 붙인 후 스티커와 같은 색깔의 플레이콘을 붙여 보라고 한다.
- 붙이지 못하면 교사가 유아에게 계란판에 다양한 색깔의 스티커를 붙이라고 한 후 유아의 손을 잡고 스티커와 같은 색깔의 플레이콘을 붙여 준다.
- 교사가 유아의 손을 잡고 스티커와 같은 색깔의 플레이콘을 집어 준 후 유아에게

계란판에 붙여 보라고 한다.
- 붙이지 못하면 교사가 유아에게 계란판에 다양한 색깔의 스티커를 붙이라고 한 후 유아의 손을 잡고 스티커와 같은 색깔의 플레이콘을 붙이는 동작을 반복한다.
- 수행되면 교사가 유아에게 계란판에 다양한 색깔의 스티커를 붙이라고 한 후 스티커와 같은 색깔의 플레이콘을 가리키며 유아에게 계란판에 붙여 보라고 한다.
- 도움을 점차 줄여 간다.
- 수행되면 유아 스스로 계란판에 다양한 색깔의 스티커를 붙인 후 스티커와 같은 색깔의 플레이콘을 붙여 보라고 한다.
- 수행되면 유아의 특성에 맞는 적절한 강화제를 제공한다.

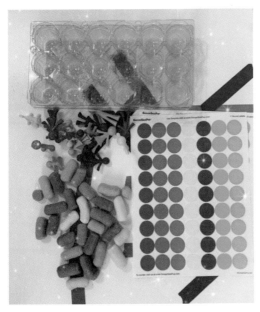

계란판, 스티커, 플레이콘 준비

계란판, 스티커, 플레이콘 준비

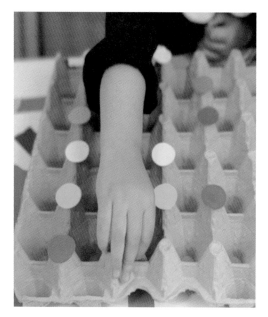

계란판에 스티커 붙이기

다양한 색깔의 플레이콘 제시

스티커와 같은 색의 플레이콘 붙이기

완성된 모양

* 사진 출처: 령 트리오 재구성

118 플라스틱 빵칼로 두부 자르기 4~5세

목표 | 플라스틱 빵칼로 두부를 자를 수 있다.

자료 | 플라스틱 빵칼, 두부, 강화제

방법 ❶

- 교사가 플라스틱 빵칼로 두부를 자르는 시범을 보인다.
- 유아에게 교사를 모방하여 플라스틱 빵칼로 두부를 잘라 보라고 한다.
- 수행되면 유아 스스로 플라스틱 빵칼로 두부를 잘라 보라고 한다.
- 수행되면 유아의 특성에 맞는 적절한 강화제를 제공한다.

방법 ❷

- 교사가 플라스틱 빵칼로 두부를 자르는 시범을 보인다.
- 유아에게 교사를 모방하여 플라스틱 빵칼로 두부를 잘라 보라고 한다.
- 자르지 못하면 교사가 유아의 손을 잡고 플라스틱 빵칼로 두부를 잘라 준다.
- 교사가 유아의 손을 잡고 플라스틱 빵칼로 두부를 잘라 주다가 유아에게 잘라 보라고 한다.
- 자르지 못하면 교사가 유아의 손을 잡고 플라스틱 빵칼로 두부를 잘라 주는 동작을 반복해 준다.
- 교사가 플라스틱 빵칼을 쥔 유아의 손을 두부에 대 준 후 유아에게 잘라 보라고 한다.
- 수행되면 교사가 두부를 가리키며 유아에게 플라스틱 빵칼로 잘라 보라고 한다.
- 도움을 점차 줄여 간다.
- 수행되면 유아 스스로 플라스틱 빵칼로 두부를 잘라 보라고 한다.
- 수행되면 유아의 특성에 맞는 적절한 강화제를 제공한다.

커피 컵 뚜껑 구멍에 수정토 붓기

목표 | 일회용 커피 컵 뚜껑 구멍에 수정토를 부을 수 있다.

자료 | 다양한 색깔의 수정토가 담긴 뚜껑에 구멍이 있는 투명한 일회용 커피 컵, 뚜껑에 구멍이 있는 투명한 일회용 커피 컵, 강화제

방법 ❶

- 교사가 뚜껑에 구멍이 있는 투명한 일회용 커피 컵에 각각 다양한 색깔의 수정토를 담아 제시한다.
- 교사가 커피 컵을 바닥에 놓고 컵 위에서 뚜껑을 뒤집어 오른손(왼손)에 든 후 왼손(오른손)으로 투명 컵에 담긴 수정토를 커피 컵 뚜껑의 구멍을 통해 붓는 시범을 보인다.
- 교사가 커피 컵을 바닥에 놓아 준 후 유아에게 교사를 모방하여 컵 위에서 뚜껑을 뒤집어 왼손에 든 후 오른손으로 투명 컵에 담긴 수정토를 커피 컵 뚜껑의 구멍을 통해 부어 보라고 한다.
- 수행되면 교사가 커피 컵을 바닥에 놓아 준 후 유아 스스로 컵 위에서 뚜껑을 뒤집어 왼손에 든 후 오른손으로 투명 컵에 담긴 수정토를 커피 컵 뚜껑의 구멍을 통해 부어 보라고 한다.
- 수행되면 교사가 커피 컵의 뚜껑을 뒤집어 커피 컵에 걸친 후 투명 컵에 담긴 수정토를 커피 컵 뚜껑의 구멍을 통해 붓는 시범을 보인다.
- 유아에게 교사를 모방하여 커피 컵의 뚜껑을 뒤집어 커피 컵에 걸친 후 투명 컵에 담긴 수정토를 커피 컵 뚜껑의 구멍을 통해 부어 보라고 한다.
- 수행되면 유아 스스로 커피 컵의 뚜껑을 뒤집어 커피 컵에 걸친 후 투명 컵에 담긴 수정토를 커피 컵 뚜껑의 구멍을 통해 부어 보라고 한다.
- 수행되면 유아의 특성에 맞는 적절한 강화제를 제공한다.

- 교사가 뚜껑에 구멍이 있는 투명한 일회용 커피 컵에 각각 다양한 색깔의 수정토를 담아 제시한다.
- 교사가 커피 컵을 바닥에 놓고 컵 위에서 뚜껑을 뒤집어 오른손(왼손)에 든 후 왼손(오른손)으로 투명 컵에 담긴 수정토를 커피 컵 뚜껑의 구멍을 통해 붓는 시범을 보인다.
- 교사가 커피 컵을 바닥에 놓아 후 유아에게 교사를 모방하여 컵 위에서 뚜껑을 뒤집어 왼손에 들어 보라고 한다.
- 들지 못하면 교사가 커피 컵을 바닥에 놓아 준 후 유아의 왼손을 잡고 컵 위에서 뚜껑을 뒤집어 들 수 있도록 해 준다.
- 교사가 커피 컵을 바닥에 놓아 준 후 뚜껑에 유아의 손을 대 준 다음 컵 위에서 뚜껑을 뒤집어 들어 보라고 한다.
- 들지 못하면 교사가 커피 컵을 바닥에 놓아 준 후 유아의 왼손을 잡고 컵 위에서 뚜껑을 뒤집어 들 수 있도록 반복해 준다.
- 교사가 커피 컵을 바닥에 놓아 준 후 뚜껑을 가리키며 유아에게 컵 위에서 뚜껑을 뒤집어 들어 보라고 한다.
- 도움을 점차 줄여 간다.
- 수행되면 교사가 커피 컵을 바닥에 놓아 준 후 유아 스스로 컵 위에서 뚜껑을 뒤집어 왼손에 들어 보라고 한다.
- 수행되면 교사가 오른손에 들고 있는 커피 컵 뚜껑의 구멍에 왼손(오른손)에 들고 있는 투명 컵에 담긴 수정토를 부어 바닥에 놓인 커피 컵에 담기는 시범을 보인다.
- 유아에게 교사를 모방하여 왼손에 들고 있는 커피 컵 뚜껑의 구멍에 오른손에 들고 있는 투명 컵에 담긴 수정토를 부어 바닥에 놓인 커피 컵에 담아 보라고 한다.
- 담지 못하면 교사가 유아의 왼손에 커피 컵 뚜껑을 뒤집어 드는 것을 지도한 것과

같은 방법으로 지도한다.

- 수행되면 교사가 커피 컵을 바닥에 놓아 준 후 유아 스스로 컵 위에서 뚜껑을 뒤집어 왼손에 든 후 오른손으로 투명 컵에 담긴 수정토를 커피 컵 뚜껑의 구멍을 통해 부어 보라고 한다.
- 수행되면 교사가 커피 컵의 뚜껑을 뒤집어 커피 컵에 걸치는 시범을 보인다.
- 유아에게 교사를 모방하여 커피 컵의 뚜껑을 뒤집어 커피 컵에 걸쳐 보라고 한다.
- 걸치지 못하면 교사가 유아의 왼손에 커피 컵 뚜껑을 뒤집어 드는 것을 지도한 것과 같은 방법으로 지도한다.
- 수행되면 유아 스스로 커피 컵의 뚜껑을 뒤집어 커피 컵에 걸쳐 보라고 한다.
- 수행되면 교사가 뒤집어 걸쳐진 커피 컵 뚜껑의 구멍을 통해 일회용 커피 컵에 들어 있는 수정토를 붓는 시범을 보인다.
- 유아에게 교사를 모방하여 뒤집어 걸쳐진 커피 컵 뚜껑의 구멍을 통해 일회용 커피 컵에 들어 있는 수정토를 부어 보라고 한다.
- 붓지 못하면 교사가 유아의 왼손에 커피 컵 뚜껑을 뒤집어 드는 것을 지도한 것과 같은 방법으로 지도한다.
- 수행되면 유아 스스로 커피 컵의 뚜껑을 뒤집어 커피 컵에 걸친 후 투명 컵에 담긴 수정토를 커피 컵 뚜껑의 구멍을 통해 부어 보라고 한다.
- 수행되면 유아의 특성에 맞는 적절한 강화제를 제공한다.

☞ 수정토는 개구리알, 워트비즈 등의 이름으로 불리며 시중에서 쉽게 구입할 수 있다.

☞ 교사가 유아와 마주 보고 지도할 경우 컵의 뚜껑을 쥐는 손을 유아가 보는 입장에서 쥐도록 유의해야 한다. 즉, 유아가 오른손잡이일 경우 교사가 오른손에 뚜껑을, 왼손에 수정토가 들어 있는 컵을 쥐고 지도해야 한다.

☞ 뚜껑에 구멍이 있는 투명한 일회용 커피 컵에 담긴 수정토에 물을 부어 수정토가 불어나서 구멍을 통해 튀어나오는 것을 관찰할 수 있도록 해 주면 유아가 무척 흥미로워할 수 있다.

커피 컵 뚜껑의 구멍에 수정토 붓기

커피 컵 뚜껑의 구멍에 수정토 붓기

뚜껑을 뒤집어 컵에 걸친 후 수정토 붓기

뚜껑을 뒤집어 컵에 걸친 후 수정토 붓기

투명 커피 잔 뚜껑을 뒤집어 컵에 걸치기

커피잔의 구멍을 통해 수정토 담기

커피잔 뚜껑을 들어 나머지 담기

커피잔 뚜껑을 들어 수정토 옮기기

* 사진 출처: 령 트리오 재구성

120 거미줄 공 던지기 4~5세

목표 | 거미줄에 신문지 공을 던질 수 있다.

자료 | 테이프, 가위, 신문지(얇은 종이), 강화제

방법 ❶

- 교사가 방문을 열고 문틀과 문틀 사이에 테이프를 길게 붙여 놓는다.
- 교사가 신문지를 구겨 공을 만드는 시범을 보인다.
- 유아에게 교사를 모방하여 신문지를 구겨 공을 만들어 보라고 한다.
- 수행되면 유아 스스로 신문지를 구겨 공을 만들어 보라고 한다.
- 수행되면 교사가 테이프에 신문지 공을 던지는 시범을 보인다.
- 유아에게 교사를 모방하여 테이프에 신문지 공을 던져 보라고 한다.
- 수행되면 유아 스스로 테이프에 신문지 공을 던져 보라고 한다.
- 수행되면 유아의 특성에 맞는 적절한 강화제를 제공한다.

방법 ❷

- 교사가 방문을 열고 문틀과 문틀 사이에 테이프를 길게 붙여 놓는다.
- 교사가 신문지를 구겨 공을 만드는 시범을 보인다.
- 유아에게 교사를 모방하여 신문지를 구겨 공을 만들어 보라고 한다.
- 만들지 못하면 교사가 유아의 손을 잡고 신문지를 구겨 공을 만들어 준다.
- 교사가 신문지를 유아의 손에 쥐어 준 후 유아에게 구겨 공을 만들어 보라고 한다.
- 만들지 못하면 교사가 유아의 손을 잡고 신문지를 구겨 공을 만드는 동작을 반복해 준다.
- 교사가 유아의 손을 잡고 신문지를 구겨 공을 만들어 주다가 유아에게 만들어 보라고 한다.

- 수행되면 교사가 신문지를 가리키며 유아에게 신문지를 구겨 공을 만들어 보라고 한다.
- 도움을 점차 줄여 간다.
- 수행되면 유아 스스로 신문지를 구겨 공을 만들어 보라고 한다.
- 수행되면 교사가 테이프에 신문지 공을 던지는 시범을 보인다.
- 유아에게 교사를 모방하여 테이프에 신문지 공을 던져 보라고 한다.
- 던지지 못하면 교사가 신문지로 공을 구기는 것을 지도한 것과 같은 방법으로 지도한다.
- 수행되면 유아 스스로 테이프에 신문지 공을 던져 보라고 한다.
- 수행되면 유아의 특성에 맞는 적절한 강화제를 제공한다.

☞ 가능하면 투명 테이프보다 무늬나 색깔이 있는 테이프를 붙여 주면 테이프가 좀 더 눈에 잘 띄어 놀이를 수월하게 진행하는 데 도움이 된다.

☞ 테이프에 다양한 장식품(예: 나비, 거미, 꽃, 잠자리 등)을 붙여 주면 유아의 흥미를 끌 수 있다. 장식품은 시중에서 판매되는 모형이나 스티커를 구입해서 활용하면 되고, 구하기 힘든 경우 집에서 색종이로 모양을 그린 후 오려서 사용해도 무방하다.

☞ 유아의 상태에 따라 던지는 거리를 적절하게 조정해 주면 된다.

☞ 신문지가 테이프에 가장 잘 붙기 때문에 신문지를 사용하도록 하고, 구하기 힘들 경우 최대한 얇은 종이를 사용해야 한다.

☞ 거미줄 공 던지기 놀이는 대근육 활동에 매우 효과적이다.

문틀과 문틀 사이에 테이프로 거미줄 붙이기

장식품 붙이기

신문지 공 구기기

완성된 신문지 공

거미줄에 신문지 공 던지기

거미줄에 신문지 공 던지기

* 사진 출처: 령 트리오 재구성

121 색 얼음으로 그림 그리기 `4~5세`

목표 | 색 얼음으로 그림을 그릴 수 있다.

자료 | 다양한 색상의 식용 색소, 도화지(스케치북), 얼음 몰드, 나무 스틱, 강화제

방법 ❶

- 교사가 얼음 몰드에 식용 색소와 물을 넣고 나무 스틱을 꽂아 냉동실에서 얼린 후 색 얼음과 도화지(스케치북)를 제시한다.
- 교사가 색 얼음으로 그림을 그리는 시범을 보인다.
- 유아에게 교사를 모방하여 색 얼음으로 그림을 그려 보라고 한다.
- 수행되면 유아 스스로 색 얼음으로 그림을 그려 보라고 한다.
- 수행되면 유아의 특성에 맞는 적절한 강화제를 제공한다.

방법 ❷

- 교사가 얼음 몰드에 식용 색소와 물을 넣고 나무 스틱을 꽂아 냉동실에서 얼린 후 색 얼음과 도화지(스케치북)를 제시한다.
- 교사가 색 얼음으로 그림을 그리는 시범을 보인다.
- 유아에게 교사를 모방하여 색 얼음으로 그림을 그려 보라고 한다.
- 그리지 못하면 교사가 유아의 손을 잡고 색 얼음으로 그림을 그려 준다.
- 교사가 유아의 손을 잡고 그림을 그려 주다가 유아에게 그림을 그려 보라고 한다.
- 그리지 못하면 교사가 유아의 손을 잡고 색 얼음으로 그림을 그리는 동작을 반복해 준다.
- 교사가 색 얼음을 쥔 유아의 손을 도화지에 대 준 후 유아에게 그림을 그려 보라고 한다.
- 도움을 점차 줄여 간다.
- 수행되면 유아 스스로 색 얼음으로 그림을 그려 보라고 한다.
- 수행되면 유아의 특성에 맞는 적절한 강화제를 제공한다.

☞ 식용 색소 대신 물감을 사용해도 무방하다.

얼음 몰드에 식용 색소와 물 넣고 나무 스틱 꽂기

냉동실에서 얼리기

얼린 색 얼음

색 얼음 제시

색 얼음으로 그림 그리기   색 얼음으로 그림 그리기

* 사진 출처: 령 트리오 재구성

122 폼폼이로 포도 색칠하기   4~5세

목표 | 폼폼이로 포도를 색칠할 수 있다.

자료 | 폼폼이, 포도 그림, 다양한 색상의 물감, 쟁반, 집게, 강화제

방법 ❶

- 교사가 쟁반에 보라색 물감을 풀어 제시한다.
- 교사가 집게로 폼폼이를 집어 보라색 물감에 묻힌 후 포도에 색칠하는 시범을 보인다.
- 유아에게 교사를 모방하여 집게로 폼폼이를 집어 보라색 물감에 묻힌 후 포도에 색칠해 보라고 한다.
- 수행되면 유아 스스로 집게로 폼폼이를 집어 보라색 물감에 묻힌 후 포도에 색칠해 보라고 한다.
- 수행되면 유아의 특성에 맞는 적절한 강화제를 제공한다.

방법 ❷

- 교사가 쟁반에 보라색 물감을 풀어 제시한다.
- 교사가 집게를 벌리는 시범을 보인다.
- 유아에게 교사를 모방하여 집게를 벌려 보라고 한다.
- 벌리지 못하면 교사가 유아의 손을 잡고 집게를 벌려 준다.
- 교사가 유아의 손을 잡고 집게를 벌려 주다가 유아에게 벌려 보라고 한다.
- 벌리지 못하면 교사가 유아의 손을 잡고 집게를 벌려 주는 동작을 반복해 준다.
- 교사가 유아의 손에 집게를 쥐어 준 후 유아에게 벌려 보라고 한다.
- 수행되면 유아 스스로 집게를 벌려 보라고 한다.
- 수행되면 교사가 집게로 폼폼이를 집어 보라색 물감을 묻히는 시범을 보인다.

- 유아에게 교사를 모방하여 집게로 폼폼이를 집어 보라색 물감에 묻혀 보라고 한다.
- 묻히지 못하면 교사가 유아에게 집게로 폼폼이를 집어 보라고 한 후 유아의 손을 잡고 보라색 물감을 묻혀 준다.
- 교사가 유아에게 집게로 폼폼이를 집어 보라고 한 후 폼폼이를 보라색 물감에 대 준 후 묻혀 보라고 한다.
- 묻히지 못하면 교사가 유아에게 집게로 폼폼이를 집어 보라고 한 후 유아의 손을 잡고 보라색 물감을 묻히는 동작을 반복해 준다.
- 교사가 유아에게 집게로 폼폼이를 집어 보라고 한 후 보라색 물감을 가리키며 폼 폼이에 묻혀 보라고 한다.
- 도움을 점차 줄여 간다.
- 수행되면 유아 스스로 집게로 폼폼이를 집어 보라색 물감에 묻혀 보라고 한다.
- 수행되면 교사가 보라색 물감이 묻은 폼폼이로 포도를 색칠하는 시범을 보인다.
- 유아에게 교사를 모방하여 보라색 물감이 묻은 폼폼이로 포도를 색칠해 보라고 한다.
- 칠하지 못하면 교사가 폼폼이를 집는 것을 지도한 것과 같은 방법으로 지도한다.
- 수행되면 유아 스스로 집게로 폼폼이를 집어 보라색 물감에 묻힌 후 포도에 색칠 해 보라고 한다.
- 수행되면 유아의 특성에 맞는 적절한 강화제를 제공한다.

집게를 쥔 유아

폼폼이로 물감 묻히기

폼폼이로 포도 칠하기

폼폼이로 포도 칠하기

* 사진 출처: 령 트리오 재구성

123 그림자 맞추기 경주

목표 | 그림자를 맞추는 경주를 할 수 있다.

자료 | 사물과 사물의 그림자, 강화제

방법 ❶

- 교사가 다른 유아와 함께 예를 들어 사과와 사과의 그림자를 누가 먼저 맞추는지 경주하는 시범을 보인다.
- 유아에게 다른 유아를 모방하여 교사와 함께 사과와 사과의 그림자를 누가 먼저 맞추는지 경주해 보라고 한다.
- 수행되면 유아 스스로 교사와 함께 사과와 사과의 그림자를 누가 먼저 맞추는지 경주해 보라고 한다.
- 수행되면 다른 그림자를 누가 먼저 맞추는지 경주를 하는 것도 사과를 지도한 것과 같은 방법으로 지도한다.
- 수행되면 유아의 특성에 맞는 적절한 강화제를 제공한다.

방법 ❷

- 교사가 다른 유아와 함께 예를 들어 사과와 사과의 그림자를 누가 먼저 맞추는지 경주하는 시범을 보인다.
- 유아에게 다른 유아를 모방하여 교사와 함께 사과와 사과의 그림자를 누가 먼저 맞추는지 경주해 보라고 한다.
- 맞추지 못하면 교사가 유아의 손을 잡고 사과와 사과의 그림자를 맞추어 준다.
- 교사가 유아의 손을 잡고 사과를 사과의 그림자 위에 올려 준 후 유아에게 맞추어 보라고 한다.
- 맞추지 못하면 교사가 유아의 손을 잡고 사과와 사과의 그림자를 맞추어 주는 동

작을 반복해 준다.

• 교사가 사과의 그림자를 가리키며 유아에게 사과의 그림자를 맞추어 보라고 한다.

• 도움을 점차 줄여 간다.

• 수행되면 유아 스스로 사과의 그림자를 맞추어 보라고 한다.

• 수행되면 유아 스스로 교사와 함께 사과와 사과의 그림자를 누가 먼저 맞추는지 경주해 보라고 한다.

• 수행되면 다른 그림자를 누가 먼저 맞추는지 경주를 하는 것도 사과를 지도한 것과 같은 방법으로 지도한다.

• 수행되면 유아의 특성에 맞는 적절한 강화제를 제공한다.

4~5
세

교사와 다른 유아가 그림자 맞추기 경주 시범

교사가 유아의 손을 잡고 사과의 그림자 맞추기

교사가 유아의 손을 잡고 사과를
사과의 그림자 위에 올려 주기

교사가 사과의 그림자를 가리키며
유아에게 맞추어 보라고 하기

유아 스스로 사과의 그림자 맞추기

유아 스스로 교사와 그림자 맞추기 경주

124 판다 얼굴 꾸미기

4~5세

목표 | 종이접시로 판다 얼굴을 꾸밀 수 있다.

자료 | 종이접시, 가위, 풀, 색종이 눈알, 강화제

방법 ❶

- 교사가 색종이로 판다의 귀와 눈, 코 모양을 오려 제시한다.
- 교사가 양쪽 귀에 풀을 칠하여 종이접시의 바깥 부분에 붙이는 시범을 보인다.
- 유아에게 교사를 모방하여 양쪽 귀에 풀을 칠하여 종이접시의 바깥 부분에 붙여 보라고 한다.
- 수행되면 유아 스스로 양쪽 귀에 풀을 칠하여 종이접시의 바깥 부분에 붙여 보라고 한다.
- 수행되면 교사가 양쪽 눈과 코에 풀을 칠하여 종이접시 안에 붙이는 시범을 보인다.
- 유아에게 교사를 모방하여 양쪽 눈과 코에 풀을 칠하여 종이접시 안에 붙여 보라고 한다.
- 수행되면 유아 스스로 양쪽 눈과 코에 풀을 칠하여 종이접시 안에 붙여 보라고 한다.
- 수행되면 교사가 양쪽 눈에 눈알을 붙이는 시범을 보인다.
- 유아에게 교사를 모방하여 양쪽 눈에 눈알을 붙여 보라고 한다.
- 수행되면 유아 스스로 양쪽 눈에 눈알을 붙여 보라고 한다
- 수행되면 유아의 특성에 맞는 적절한 강화제를 제공한다.

방법 ❷

- 교사가 색종이로 판다의 귀와 눈, 코 모양을 오려 제시한다.
- 교사가 양쪽 귀에 풀을 칠하는 시범을 보인다.
- 유아에게 교사를 모방하여 양쪽 귀에 풀을 칠해 보라고 한다.

- 칠하지 못하면 교사가 유아의 손을 잡고 양쪽 귀에 풀을 칠해 준다.
- 교사가 유아의 손을 잡고 한쪽 귀를 풀칠해 준 후 다른 귀를 유아에게 칠해 보라고 한다.
- 칠하지 못하면 교사가 유아의 손을 잡고 양쪽 귀에 풀을 칠하는 동작을 반복해 준다.
- 교사가 유아의 손을 잡고 귀에 풀을 칠해 주다가 유아에게 칠해 보라고 한다.
- 수행되면 교사가 귀에 유아의 손을 대 준 후 풀을 칠해 보라고 한다.
- 도움을 점차 줄여 간다.
- 수행되면 유아 스스로 양쪽 귀에 풀을 칠해 보라고 한다.
- 수행되면 교사가 종이접시 바깥에 양쪽 귀를 각각 붙이는 시범을 보인다.
- 유아에게 교사를 모방하여 종이접시 바깥에 양쪽 귀를 각각 붙여 보라고 한다.
- 붙이지 못하면 교사가 유아의 손을 잡고 종이접시 바깥에 양쪽 귀를 각각 붙여 준다.
- 교사가 유아의 손을 잡고 종이접시 바깥에 한쪽 귀를 붙여 준 다음 다른 귀를 유아에게 붙여 보라고 한다.
- 붙이지 못하면 교사가 유아의 손을 잡고 종이접시 바깥에 양쪽 귀를 각각 붙이는 동작을 반복해 준다.
- 교사가 유아의 손을 잡고 종이접시 바깥에 한쪽 귀를 대 준 후 유아에게 양쪽 귀를 각각 붙여 보라고 한다.
- 수행되면 교사가 종이접시 바깥을 가리키며 유아에게 양쪽 귀를 각각 붙여 보라고 한다.
- 도움을 점차 줄여 간다.
- 수행되면 유아 스스로 종이접시 바깥에 양쪽 귀를 각각 붙여 보라고 한다.
- 수행되면 교사가 양쪽 눈과 코에 풀을 칠하여 종이접시 안에 붙이는 시범을 보인다.
- 유아에게 교사를 모방하여 양쪽 눈과 코에 풀을 칠하여 종이접시 안에 붙여 보라고 한다.
- 붙이지 못하면 교사가 종이접시 바깥에 양쪽 귀를 각각 붙이는 것을 지도한 것과 같은 방법으로 지도한다.

- 수행되면 유아 스스로 양쪽 눈과 코에 풀을 칠하여 종이접시 안에 붙여 보라고 한다.
- 수행되면 교사가 양쪽 눈에 눈알을 붙이는 시범을 보인다.
- 유아에게 교사를 모방하여 양쪽 눈에 눈알을 붙여 보라고 한다.
- 붙이지 못하면 교사가 종이접시 바깥에 양쪽 귀를 각각 붙이는 것을 지도한 것과 같은 방법으로 지도한다.
- 수행되면 유아 스스로 양쪽 눈에 눈알을 붙여 보라고 한다.
- 수행되면 유아의 특성에 맞는 적절한 강화제를 제공한다.

☞ 유아의 상태에 따라 색종이로 판다의 귀와 눈, 코 모양을 직접 오려 사용할 수 있도록 지도해도 무방하다.

☞ 유아의 상태에 따라 단계를 적절하게 조정(예: 양쪽 귀와 눈, 코를 한꺼번에 붙이도록 지도 / 양쪽 귀를 각각 분리 혹은 한꺼번에 붙일 수 있도록 지도 / 양쪽 눈을 각각 분리 혹은 한꺼번에 붙일 수 있도록 지도하는 등)하여 지도하면 효율적이다.

☞ 유아의 상태에 따라 코를 붙인 후 연필로 입을 그릴 수 있도록 지도해도 무방하다.

☞ 판다 얼굴 꾸미기가 완성된 후 유아에게 판다 얼굴을 직접 대 볼 수 있도록 놀이를 확장시켜 주도록 하자.

기본 준비물 제시

판다에 입 모양 그리기

완성된 판다

얼굴에 대 보기

* 사진 출처: 렁 트리오 재구성

125 돌에 물감 칠하기 4~5세

목표 | 돌에 물감을 칠할 수 있다.

자료 | 돌, 일회용 접시, 다양한 색깔의 물감, 붓, 강화제

방법 ❶

- 교사가 일회용 접시에 물감을 부어 제시한다.
- 교사가 붓으로 돌에 물감을 칠하는 시범을 보인다.
- 유아에게 교사를 모방하여 붓으로 돌에 물감을 칠해 보라고 한다.
- 수행되면 유아 스스로 붓으로 돌에 물감을 칠해 보라고 한다.
- 수행되면 유아의 특성에 맞는 적절한 강화제를 제공한다.

방법 ❷

- 교사가 일회용 접시에 물감을 부어 제시한다.
- 교사가 붓으로 돌에 물감을 칠하는 시범을 보인다.
- 유아에게 교사를 모방하여 붓으로 돌에 물감을 칠해 보라고 한다.
- 칠하지 못하면 교사가 유아의 손을 잡고 붓으로 돌에 물감을 칠해 준다.
- 교사가 유아의 손을 잡고 붓으로 돌에 물감을 칠해 주다가 유아에게 칠해 보라고 한다.
- 칠하지 못하면 교사가 유아의 손을 잡고 붓으로 돌에 물감을 칠해 주는 동작을 반복해 준다.
- 교사가 유아의 손을 잡고 붓으로 돌에 물감을 3/4 정도 칠해 주다가 유아에게 칠해 보라고 한다.
- 수행되면 교사가 유아의 손을 잡고 붓으로 돌에 물감을 2/4 정도 칠해 주다가 유아에게 칠해 보라고 한다.

- 수행되면 교사가 유아의 손을 잡고 붓으로 돌에 물감을 1/4 정도 칠해 주다가 유아에게 칠해 칠해 보라고 한다.
- 도움을 점차 줄여 간다.
- 수행되면 유아 스스로 붓으로 돌에 물감을 칠해 보라고 한다.
- 수행되면 유아의 특성에 맞는 적절한 강화제를 제공한다.

☞ 물감 대신 야광 물감을 사용해서 완성된 후 어두운 곳에서 자신의 작품을 관찰하게 하면 매우 효과적이다.

돌 준비

일회용 접시에 물감 따르기

붓에 물감 묻히기

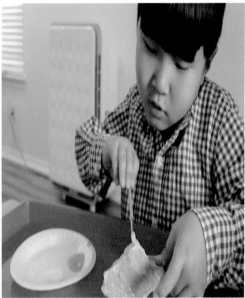

붓으로 돌에 물감 칠하기

* 사진 출처: 령 트리오 재구성

126 과자 따먹기 경주

목표 | 과자 따먹기 경주를 할 수 있다.

자료 | 과자류, 실, 빨래 건조대, 호루라기, 테이프 등 출발선을 표시할 수 있는 물건

방법 ❶

- 교사가 출발선에서 적정하게 떨어진 빨래 건조대에 실로 과자를 매달아 둔다.
- 교사가 출발선을 미리 표시해 둔다.
- 교사가 다른 교사와 출발선에 선 후 호루라기를 분 다음 서로 빨리 빨래 건조대로 달려가서 과자를 따먹는 시범을 보인다.
- 교사가 유아와 또래를 출발선에 세운 후 호루라기를 불면 유아에게 교사를 모방하여 서로 빨리 빨래 건조대로 달려가서 과자를 따먹어 보라고 한다.
- 수행되면 교사가 유아와 또래를 출발선에 세운 후 호루라기를 불면 유아 스스로 서로 빨리 빨래 건조대로 달려가서 과자를 따먹어 보라고 한다.
- 수행되면 유아의 특성에 맞는 적절한 강화제를 제공한다.

방법 ❷

- 교사가 출발선에서 적정하게 떨어진 빨래 건조대에 실로 과자를 매달아 둔다.
- 교사가 출발선을 미리 표시해 둔다.
- 교사가 다른 교사와 출발선에 선 후 호루라기를 분 다음 서로 빨리 빨래 건조대로 달려가서 과자를 따먹는 시범을 보인다.
- 교사가 유아와 또래를 출발선에 세운 후 호루라기를 불면 유아에게 교사를 모방하여 서로 빨리 빨래 건조대로 달려가서 과자를 따먹어 보라고 한다.
- 따먹지 못하면 교사가 과자를 쥐고 유아의 입에 대 준 후 유아가 따먹을 수 있도록 해 준다.

- 교사가 유아의 손을 잡고 과자에 대 준 후 유아에게 따먹어 보라고 한다.
- 따먹지 못하면 교사가 과자를 쥐고 유아의 입에 대 준 후 유아가 따먹을 수 있도록 반복해 준다.
- 교사가 실에 매달린 과자를 가리키며 유아에게 따먹어 보라고 한다.
- 도움을 점차 줄여 간다.
- 수행되면 교사가 유아와 또래를 출발선에 세운 후 호루라기를 불면 유아 스스로 서로 빨리 빨래 건조대로 달려가서 과자를 따먹어 보라고 한다.
- 수행되면 유아의 특성에 맞는 적절한 강화제를 제공한다.

☞ 과자는 실의 길이를 달리해서 달아야 유아들이 각자의 키에 맞는 과자를 따먹기 쉽다. 그리고 따먹기 쉽도록 부드러운 쿠키 종류를 살짝 달아야 한다.

☞ 출발선과 빨래 건조대의 거리는 유아의 상태에 따라 조정하면 된다.

☞ 빨래 건조대 외에도 과자를 매달 수 있는 곳이 있으면 그곳을 활용해도 무방하다.

127 색 모래 그림 그리기 　　　4~5세

목표 | 색 모래 그림을 그릴 수 있다.

자료 | 스포이트에 담긴 다양한 색상의 색 모래, 풀, 도화지(스케치북), 강화제

방법 ❶

- 교사가 스포이트에 다양한 색상의 색 모래를 담아 제시한다.

- 교사가 도화지(스케치북)에 풀로 간단한 그림을 그린 후 풀 위에 스포이트에 담긴 색상의 색 모래를 여러 차례 뿌려 그림을 완성하는 시범을 보인다.

- 유아에게 교사를 모방하여 도화지에 풀로 간단한 그림을 그린 후 풀 위에 스포이트에 담긴 다양한 색상의 색 모래를 여러 차례 뿌려 그림을 완성해 보라고 한다.

- 수행되면 유아 스스로 도화지에 풀로 간단한 그림을 그린 후 풀 위에 스포이트에 담긴 다양한 색상의 색 모래를 여러 차례 뿌려 그림을 완성해 보라고 한다.

- 수행되면 유아의 특성에 맞는 적절한 강화제를 제공한다.

방법 ❷

- 교사가 스포이트에 다양한 색상의 색 모래를 담아 제시한다.

- 교사가 도화지(스케치북)에 풀로 간단한 그림을 그린 후 풀 위에 스포이트에 담긴 색상의 색 모래를 여러 차례 뿌려 그림을 완성하는 시범을 보인다.

- 유아에게 교사를 모방하여 도화지에 풀로 간단한 그림을 그린 후 풀 위에 스포이트에 담긴 다양한 색상의 색 모래를 여러 차례 뿌려 그림을 완성해 보라고 한다.

- 그리지 못하면 교사가 유아의 손을 잡고 도화지에 풀로 간단한 그림을 그린 후 풀 위에 스포이트에 담긴 다양한 색상의 색 모래를 여러 차례 뿌려 그림을 완성해 준다.

- 교사가 유아의 손을 잡고 풀로 간단한 그림을 그려 준 후 유아에게 풀 위에 스포이트에 담긴 다양한 색상의 색 모래를 여러 차례 뿌려 그림을 완성해 보라고 한다.

- 그리지 못하면 교사가 유아의 손을 잡고 도화지에 풀로 간단한 그림을 그린 후 풀 위에 스포이트에 담긴 다양한 색상의 색 모래를 여러 차례 뿌려 그림을 완성하는 동작을 반복해 준다.
- 교사가 도화지에 유아의 손을 대 준 다음 유아에게 풀로 간단한 그림을 그린 후 풀 위에 스포이트에 담긴 다양한 색상의 색 모래를 여러 차례 뿌려 그림을 완성해 보라고 한다.
- 도움을 점차 줄여 간다.
- 수행되면 유아 스스로 풀로 간단한 그림을 그린 후 풀 위에 스포이트에 담긴 다양한 색상의 색 모래를 여러 차례 뿌려 그림을 완성해 보라고 한다.
- 수행되면 유아의 특성에 맞는 적절한 강화제를 제공한다.

☞ 유아의 상태에 따라 간단한 그림을 그리기 어려워할 경우 교사가 간단한 밑그림을 그려 주어도 무방하다.

도화지에 풀칠하기

색 모래로 그리기

4~5
세

색 모래로 그리기

색 모래로 그리기

색 모래로 그리기

완성된 그림

모래를 손으로 만져 보기

색 모래로 그리기

완성된 그림

완성된 그림

* 사진 출처: 령 트리오 재구성

128 셀로판지로 나비 만들기 4~5세

목표 | 셀로판지로 나비를 만들 수 있다.

자료 | 셀로판지, 투명 비닐, 검정 색지로 만든 나비 틀, 풀, 가위, 강화제

방법 ❶

- 교사가 검정 색지로 만든 나비 틀을 제시한다.
- 교사가 셀로판지를 마구 잘라서 투명 비닐에 붙인 후 셀로판지 위에 검정 색지로 만든 나비 틀을 붙여 나비를 오리는 시범을 보인다.
- 유아에게 교사를 모방하여 셀로판지를 마구 잘라서 투명 비닐에 붙인 후 셀로판지 위에 검정 색지로 만든 나비 틀을 붙여 보라고 한 후 교사가 나비를 오려 준다.
- 수행되면 유아 스스로 셀로판지를 마구 잘라서 투명 비닐에 붙인 후 셀로판지 위에 검정 색지로 만든 나비 틀을 붙여 보라고 한 후 교사가 나비를 오려 준다.
- 수행되면 유아의 특성에 맞는 적절한 강화제를 제공한다.

방법 ❷

- 교사가 검정 색지로 만든 나비 틀을 제시한다.
- 교사가 셀로판지를 마구 자르는 시범을 보인다.
- 유아에게 교사를 모방하여 셀로판지를 마구 잘라 보라고 한다.
- 자르지 못하면 교사가 유아의 손을 잡고 셀로판지를 마구 잘라 준다.
- 교사가 유아의 손을 잡고 셀로판지를 마구 잘라 주다가 유아에게 잘라 보라고 한다.
- 자르지 못하면 교사가 유아의 손을 잡고 셀로판지를 마구 자르는 동작을 반복해 준다.
- 교사가 유아의 손을 가위에 끼워 준 후 셀로판지를 마구 잘라 보라고 한다.

- 도움을 점차 줄여 간다.
- 수행되면 유아 스스로 셀로판지를 마구 잘라 보라고 한다.
- 수행되면 교사가 비닐 위에 셀로판지를 붙이는 시범을 보인다.
- 유아에게 교사를 모방하여 비닐 위에 셀로판지를 붙여 보라고 한다.
- 붙이지 못하면 교사가 유아의 손을 잡고 비닐 위에 셀로판지를 붙여 준다.
- 교사가 유아의 손을 잡고 비닐 위에 셀로판지를 붙여 주다가 유아에게 붙여 보라고 한다.
- 붙이지 못하면 교사가 유아의 손을 잡고 비닐 위에 셀로판지를 붙이는 동작을 반복해 준다.
- 교사가 유아의 손을 잡고 비닐 위에 셀로판지를 붙여 주다가 유아에게 붙여 보라고 한다.
- 수행되면 유아 스스로 비닐 위에 셀로판지를 붙여 보라고 한다.
- 수행되면 교사가 셀로판지 위에 검정 색지로 만든 나비 틀을 붙이는 시범을 보인다.
- 유아에게 교사를 모방하여 셀로판지 위에 검정 색지로 만든 나비 틀을 붙여 보라고 한다.
- 붙이지 못하면 교사가 유아의 손을 잡고 셀로판지 위에 검정 색지로 만든 나비 틀을 붙여 준다.
- 교사가 유아의 손을 잡고 셀로판지 위에 검정 색지로 만든 나비 틀을 붙여 주다가 유아에게 붙여 보라고 한다.
- 붙이지 못하면 교사가 유아의 손을 잡고 셀로판지 위에 검정 색지로 만든 나비 틀을 붙이는 동작을 반복해 준다.
- 교사가 유아의 손을 잡고 셀로판지 위에 검정 색지로 만든 나비 틀을 붙여 주다가 유아에게 붙여 보라고 한다.
- 도움을 점차 줄여 간다.
- 수행되면 유아 스스로 셀로판지 위에 검정 색지로 만든 나비 틀을 붙여 보라고

한다.

- 수행되면 교사가 셀로판지 위에 붙여진 나비를 오려 예를 들어 얼굴에 갖다 대 보는 시범을 보인다.
- 교사가 나비를 오려 유아에게 준 후 얼굴에 갖다 대 보라고 한다.
- 대지 못하면 교사가 유아의 손을 잡고 나비를 얼굴에 갖다 대 준다.
- 교사가 유아의 손에 나비를 준 후 얼굴에 갖다 대 보라고 한다.
- 대지 못하면 교사가 유아의 손을 잡고 나비를 얼굴에 갖다 대 주는 동작을 반복해 준다.
- 교사가 나비를 가리키며 유아에게 얼굴에 갖다 대 보라고 한다.
- 수행되면 유아 스스로 나비를 얼굴에 갖다 대 보라고 한다.
- 수행되면 유아의 특성에 맞는 적절한 강화제를 제공한다.

☞ 셀로판지를 사면 투명 비닐도 같이 준다. 그리고 비닐에 셀로판지를 붙일 때 셀로판지가 얇아서 구겨지거나 달라붙을 수 있으니 가능하면 교사가 옆에서 지켜봐 주도록 하자.

☞ 유아의 상태에 따라 셀로판지 위에 붙인 나비를 직접 오리게 하거나 교사가 유아의 손을 잡고 오려 주어도 무방하다.

☞ 유아의 상태에 따라 각 단계를 합쳐서 지도해도 무방하다(예: 셀로판지를 마구 잘라서 투명 비닐에 붙이기).

☞ 오린 나비를 전등에 비추어 보기, 책상에 나비를 세워 그림자 만들기, 햇빛에 비추어 보기 등의 다양한 놀이로 확장할 수 있다.

셀로판지 잘라서 비닐에 붙이기

셀로판지 잘라서 비닐에 붙이기

검정 색지로 만들어 둔 나비 붙이기

교사가 나비 틀 모양으로 잘라 주기

얼굴에 대 보기

전등에 비추어 보기

책상에 나비 세워 그림자 만들기

햇빛에 비추어 보기

129 점에 압정 꽂기

목표 | 점에 압정을 꽂을 수 있다.
자료 | 스티로폼, 네임펜, 자, 컬러 압정, 강화제

방법 ❶

- 교사가 스티로폼에 선을 그어 제시한다.
- 교사가 스티로폼에 그어진 선과 선이 만나는 점에 압정을 꽂는 시범을 보인다.
- 유아에게 교사를 모방하여 스티로폼에 그어진 선과 선이 만나는 점에 압정을 꽂아 보라고 한다.
- 수행되면 유아 스스로 스티로폼에 그어진 선과 선이 만나는 점에 압정을 꽂아 보라고 한다.
- 수행되면 유아의 특성에 맞는 적절한 강화제를 제공한다.

방법 ❷

- 교사가 스티로폼에 선을 그어 제시한다.
- 교사가 스티로폼에 그어진 선과 선이 만나는 점에 압정을 꽂는 시범을 보인다.
- 유아에게 교사를 모방하여 스티로폼에 그어진 선과 선이 만나는 점에 압정을 꽂아 보라고 한다.
- 꽂지 못하면 교사가 유아에게 압정을 쥐라고 한 후 유아의 손을 잡고 스티로폼에 그어진 선과 선이 만나는 점에 압정을 꽂아 준다.
- 교사가 유아에게 압정을 쥐라고 한 후 유아의 손을 스티로폼에 그어진 선과 선이 만나는 점에 대 준 다음 꽂아 보라고 한다.
- 꽂지 못하면 교사가 유아에게 압정을 쥐라고 한 후 유아의 손을 잡고 스티로폼에 그어진 선과 선이 만나는 점에 압정을 꽂는 동작을 반복해 준다.

4~5
세

- 교사가 스티로폼에 그어진 선과 선이 만나는 점을 가리키며 유아에게 압정을 꽂아 보라고 한다.
- 도움을 점차 줄여 간다.
- 수행되면 유아 스스로 스티로폼에 그어진 선과 선이 만나는 점에 압정을 꽂아 보라고 한다.
- 수행되면 유아의 특성에 맞는 적절한 강화제를 제공한다.

☞ 유아의 상태에 따라 교사가 스티로폼에 그어진 선과 선이 만나는 점에 점을 찍어서 지도해도 무방하다.

☞ 유아의 상태에 따라 네모 칸 안에 압정을 꽂는 놀이로 확장시켜 줄 수 있다. 이때 유아의 상태에 따라 네모 칸 안에 특정한 표시를 해 주어도 무방하다.

☞ 유아의 상태에 따라 같은 줄에 압정을 꽂는 놀이로 확장시켜 줄 수 있다.

☞ 유아의 상태에 따라 같은 줄에 같은 색의 압정을 꽂도록 놀이를 확장시켜 줄 수 있다.

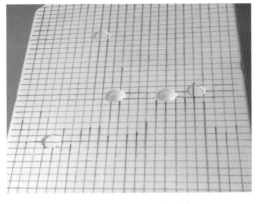

스트로폼에 선 그어 제시

점에 압정 꽂기

4~5
세

점에 압정 꽂기

점에 압정 꽂기

네모 칸 안에 압정 꽂기

네모 칸 안에 압정 꽂기

* 사진 출처: 령 트리오 재구성

130. 숟가락으로 수정토 옮기기

목표 ┃ 숟가락으로 수정토를 옮길 수 있다.

자료 ┃ 다양한 색깔의 수정토가 담긴 투명한 그릇(통), 숟가락, 강화제

방법 ❶

- 교사가 투명한 그릇에 다양한 색깔의 수정토를 담아 제시한다.
- 교사가 투명한 그릇(통)에 담긴 수정토를 숟가락으로 다른 그릇에 옮기는 시범을 보인다.
- 유아에게 교사를 모방하여 투명한 그릇에 담긴 수정토를 숟가락으로 다른 그릇에 옮겨 보라고 한다.
- 수행되면 유아 스스로 투명한 그릇에 담긴 수정토를 숟가락으로 다른 그릇에 옮겨 보라고 한다.
- 수행되면 유아의 특성에 맞는 적절한 강화제를 제공한다.

방법 ❷

- 교사가 투명한 그릇에 다양한 색깔의 수정토를 담아 제시한다.
- 교사가 투명한 그릇(통)에 담긴 수정토를 숟가락으로 다른 그릇에 옮기는 시범을 보인다.
- 유아에게 교사를 모방하여 투명한 그릇에 담긴 수정토를 숟가락으로 다른 그릇에 옮겨 보라고 한다.
- 옮기지 못하면 교사가 유아의 손을 잡고 투명한 그릇에 담긴 수정토를 숟가락으로 다른 그릇에 옮겨 준다.
- 교사가 투명한 그릇에 담긴 수정토에 숟가락을 쥔 유아의 손을 대 준 다음 다른 그릇에 옮겨 보라고 한다.

- 옮기지 못하면 교사가 유아의 손을 잡고 투명한 그릇에 담긴 수정토를 숟가락으로 다른 그릇에 옮기는 동작을 반복해 준다.
- 교사가 투명한 그릇에 담긴 수정토를 가리키며 유아에게 숟가락으로 다른 그릇에 옮겨 보라고 한다.
- 도움을 점차 줄여 간다.
- 수행되면 유아 스스로 투명한 그릇에 담긴 수정토를 숟가락으로 다른 그릇에 옮겨 보라고 한다.
- 수행되면 유아의 특성에 맞는 적절한 강화제를 제공한다.

☞ 유아의 상태에 따라 포크로 수정토를 옮기도록 놀이를 확장해 줄 수 있다.

☞ 유아의 상태에 따라 거품기로 수정토를 휘저어 거품기로 수정토를 다른 그릇에 옮기는 놀이로 확장해 줄 수 있다.

4~5
세

수정토에 숟가락 넣기

숟가락으로 수정토 뜨기

숟가락으로 수정토 옮기기

수정토에 숟가락 넣기

숟가락으로 수정토 뜨기

포크로 수정토 옮기기

수정토에 거품기 넣기

거품기로 수정토 옮기기

* 사진 출처: 령 트리오 재구성

131 에어 캡으로 지구 물감 찍기 4~5세

목표 | 에어 캡으로 지구 물감 찍기를 할 수 있다.

자료 | 에어 캡, 투명 테이프(고무줄), 종이접시, 다양한 색상의 물감, 물, 팔레트, 강화제

방법 ❶

- 교사가 팔레트에 다양한 색상의 물감을 풀어 제시한다.
- 교사가 종이접시에 오대양 육대주 밑그림을 그려 제시한다.
- 교사가 유아의 손을 에어 캡으로 감싸 테이프나 고무줄로 감아 준다.
- 교사가 에어 캡을 감싼 손으로 물감을 묻혀 종이접시에 그려진 밑그림에 색칠을 하는 시범을 보인다.
- 유아에게 교사를 모방하여 에어 캡을 감싼 손으로 물감을 묻혀 종이접시에 그려진 밑그림에 색칠을 해 보라고 한다.
- 수행되면 유아 스스로 에어 캡을 감싼 손으로 물감을 묻혀 종이접시에 그려진 밑그림에 색칠을 해 보라고 한다.
- 수행되면 유아의 특성에 맞는 적절한 강화제를 제공한다.

방법 ❷

- 교사가 팔레트에 다양한 색상의 물감을 풀어 제시한다.
- 교사가 종이접시에 오대양 육대주 밑그림을 그려 제시한다.
- 교사가 유아의 손을 에어 캡으로 감싸 테이프나 고무줄로 감아 준다.
- 교사가 에어 캡을 감싼 손으로 물감을 묻혀 종이접시에 그려진 밑그림에 색칠을 하는 시범을 보인다.
- 유아에게 교사를 모방하여 에어 캡을 감싼 손으로 물감을 묻혀 종이접시에 그려진 밑그림에 색칠을 해 보라고 한다.

- 칠하지 못하면 교사가 유아에게 에어 캡에 물감을 묻히라고 한 후 유아의 손을 잡고 종이접시에 그려진 밑그림에 색칠을 해 준다.
- 교사가 유아에게 에어 캡에 물감을 묻히라고 한 후 유아의 손을 종이접시에 대 준 다음 유아에게 색칠을 해 보라고 한다.
- 칠하지 못하면 교사가 유아에게 에어 캡에 물감을 묻히라고 한 후 유아의 손을 잡고 종이접시에 그려진 밑그림에 색칠을 하는 동작을 반복해 준다.
- 도움을 점차 줄여 간다.
- 수행되면 유아 스스로 에어 캡을 감싼 손으로 물감을 묻혀 종이접시에 그려진 밑그림에 색칠을 해 보라고 한다.
- 수행되면 유아의 특성에 맞는 적절한 강화제를 제공한다.

☞ 에어 캡은 우리가 흔히 버블 랩 혹은 뽁뽁이라고 부르는 것을 말한다. 시중에서 쉽게 구입할 수 있다.

에어 캡, 종이접시, 팔레트, 물감, 강화제

에어 캡으로 감싼 손

교사가 종이접시에 밑그림 그려 제시

밑그림에 에어 캡으로 물감 찍기

밑그림에 에어 캡으로 물감 찍기

완성된 모양

* 사진 출처: 렁 트리오 재구성

염색 소금으로 그림 그리기

목표 ┃ 염색 소금으로 간단한 그림을 그릴 수 있다.

자료 ┃ 염색 소금, 도화지(스케치북), 공작 풀, 트레이, 붓, 강화제

방법 ❶

- 교사가 스포이트에 다양한 색상의 염색 소금을 담아 제시한다.
- 교사가 도화지(스케치북)에 공작 풀로 간단한 그림을 그리는 시범을 보인다.
- 유아에게 교사를 모방하여 도화지에 공작 풀로 간단한 그림을 그려 보라고 한다.
- 수행되면 유아 스스로 공작 풀로 간단한 그림을 그려 보라고 한다.
- 수행되면 교사가 그림 위에 스포이트에 담긴 다양한 색상의 염색 소금을 뿌린 다음 붓으로 염색 소금을 털어 내어 그림을 완성하는 시범을 보인다.
- 유아에게 교사를 모방하여 그림 위에 스포이트에 담긴 다양한 색상의 염색 소금을 뿌린 다음 붓으로 염색 소금을 털어 내어 그림을 완성해 보라고 한다.
- 수행되면 유아 스스로 그림 위에 스포이트에 담긴 다양한 색상의 염색 소금을 뿌린 다음 붓으로 염색 소금을 털어 내어 그림을 완성해 보라고 한다.
- 수행되면 유아 스스로 공작 풀로 간단한 그림을 그린 후 그림 위에 스포이트에 담긴 다양한 색상의 염색 소금을 뿌린 다음 붓으로 염색 소금을 털어 내어 그림을 완성해 보라고 한다.
- 수행되면 유아의 특성에 맞는 적절한 강화제를 제공한다.

방법 ❷

- 교사가 스포이트에 다양한 색상의 염색 소금을 담아 제시한다.
- 교사가 도화지(스케치북)에 공작 풀로 간단한 그림을 그리는 시범을 보인다.
- 유아에게 교사를 모방하여 도화지에 공작 풀로 간단한 그림을 그려 보라고 한다.

- 그리지 못하면 교사가 유아의 손을 잡고 도화지에 공작 풀로 간단한 그림을 그려 준다.
- 교사가 유아의 손을 잡고 공작 풀로 간단한 그림을 3/4 정도 그려 주다가 유아에게 그려 보라고 한다.
- 그리지 못하면 교사가 유아의 손을 잡고 도화지에 공작 풀로 간단한 그림을 그리는 동작을 반복해 준다.
- 교사가 유아의 손을 잡고 공작 풀로 간단한 그림을 2/4 정도 그려 주다가 유아에게 그려 보라고 한다.
- 수행되면 교사가 유아의 손을 잡고 공작 풀로 간단한 그림을 1/4 정도 그려 주다가 유아에게 그려 보라고 한다.
- 도움을 점차 줄여 간다.
- 수행되면 유아 스스로 공작 풀로 간단한 그림을 그려 보라고 한다.
- 수행되면 교사가 그림 위에 스포이트에 담긴 다양한 색상의 염색 소금을 뿌리는 시범을 보인다.
- 유아에게 교사를 그림 위에 스포이트에 담긴 다양한 색상의 염색 소금을 뿌려 보라고 한다.
- 하지 못하면 교사가 유아의 손을 잡고 그림 위에 스포이트에 담긴 다양한 색상의 염색 소금을 뿌려 준다.
- 교사가 유아의 손을 잡고 그림의 3/4 정도를 스포이트에 담긴 다양한 색상의 염색 소금을 뿌려 주다가 유아에게 뿌려 보라고 한다.
- 하지 못하면 교사가 유아의 손을 잡고 그림 위에 스포이트에 담긴 다양한 색상의 염색 소금을 뿌리는 동작을 반복해 준다.
- 교사가 유아의 손을 잡고 그림의 2/4 정도를 스포이트에 담긴 다양한 색상의 염색 소금을 뿌려 주다가 유아에게 뿌려 보라고 한다.
- 수행되면 교사가 유아의 손을 잡고 그림의 1/4 정도를 스포이트에 담긴 다양한 색상의 염색 소금을 뿌려 주다가 유아에게 뿌려 보라고 한다.
- 도움을 점차 줄여 간다.

- 수행되면 유아 스스로 그림 위에 스포이트에 담긴 다양한 색상의 염색 소금을 뿌려 보라고 한다.
- 수행되면 교사가 그림 주변의 염색 소금을 붓으로 털어 내어 그림을 완성하는 시범을 보인다.
- 유아에게 교사를 모방하여 그림 주변의 염색 소금을 붓으로 털어 내어 그림을 완성해 보라고 한다.
- 하지 못하면 교사가 그림 위에 스포이트에 담긴 다양한 색상의 염색 소금을 뿌리는 것을 지도한 것과 같은 방법으로 지도한다.
- 수행되면 유아 스스로 그림 주변의 염색 소금을 붓으로 털어 내어 그림을 완성해 보라고 한다.
- 수행되면 유아 스스로 공작 풀로 간단한 그림을 그린 후 그림 위에 스포이트에 담긴 다양한 색상의 염색 소금을 뿌린 다음 붓으로 염색 소금을 털어 내어 그림을 완성해 보라고 한다.
- 수행되면 유아의 특성에 맞는 적절한 강화제를 제공한다.

☞ 유아의 상태에 따라 간단한 그림을 그리기 어려워할 경우 교사가 유아의 손을 잡고 간단한 밑그림을 그려 주어도 무방하다.

☞ 유아의 상태에 따라 각 단계를 적절하게 조정(예: 간단한 그림을 3/4 정도 그려 주기 / 간단한 그림을 2/4 정도 그려 주기 ⇒ 간단한 그림을 2/3 정도 그려 주기 / 간단한 그림을 1/3 정도 그려 주기 등)해도 무방하다.

☞ 붓으로 염색 소금을 털어 내는 것을 어려워하는 경우 도화지를 세워 염색 소금을 털어 내도록 지도하면 된다.

☞ 도화지(스케치북) 대신 색 도화지(예: 검정, 노랑 등)를 사용하면 또 다른 경험을 할 수 있다.

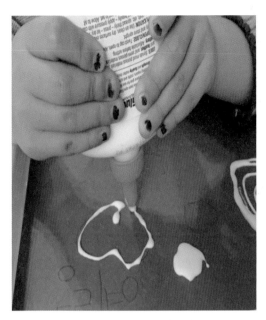

도화지에 공작 풀 칠하기

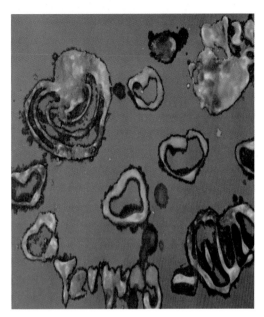

완성된 모양

도화지에 공작 풀 칠하기

붓으로 염색 소금 털어 내기

풍선에 물감 묻혀 모양 찍기　　　4~5세

목표 | 풍선에 물감을 묻혀 도화지에 일정한 간격으로 모양을 찍을 수 있다.
자료 | 다양한 색상의 물감, 일회용 접시, 풍선, 도화지, 강화제

방법 ❶

- 교사가 일회용 접시에 다양한 색상의 물감을 짜서 제시한다.
- 교사가 풍선에 물감을 묻혀 도화지에 일정한 간격으로 모양을 찍는 시범을 보인다.
- 유아에게 교사를 모방하여 풍선에 물감을 묻혀 도화지에 일정한 간격으로 모양을 찍어 보라고 한다.
- 수행되면 유아 스스로 풍선에 물감을 묻혀 도화지에 일정한 간격으로 모양을 찍어 보라고 한다.
- 수행되면 유아의 특성에 맞는 적절한 강화제를 제공한다.

방법 ❷

- 교사가 일회용 접시에 다양한 색상의 물감을 짜서 제시한다.
- 교사가 풍선에 물감을 묻혀 도화지에 일정한 간격으로 모양을 찍는 시범을 보인다.
- 유아에게 교사를 모방하여 풍선에 물감을 묻혀 도화지에 일정한 간격으로 모양을 찍어 보라고 한다.
- 찍지 못하면 교사가 유아의 손을 잡고 풍선에 물감을 묻혀 도화지에 일정한 간격으로 모양을 찍어 준다.
- 교사가 유아에게 풍선에 물감을 묻히라고 한 후 유아의 손을 잡고 도화지에 일정한 간격으로 모양을 찍어 주다가 유아에게 찍어 보라고 한다.

- 찍지 못하면 교사가 유아의 손을 잡고 풍선에 물감을 묻혀 도화지에 일정한 간격으로 모양을 찍는 동작을 반복해 준다.
- 교사가 유아에게 풍선에 물감을 묻히라고 한 후 유아의 손을 도화지에 대 준 다음 유아에게 일정한 간격으로 모양을 찍어 보라고 한다.
- 도움을 점차 줄여 간다.
- 수행되면 유아 스스로 풍선에 물감을 묻혀 도화지에 일정한 간격으로 모양을 찍어 보라고 한다.
- 수행되면 유아의 특성에 맞는 적절한 강화제를 제공한다.

4~5
세

☞ 풍선은 유아가 쉽게 쥘 수 있도록 적절한 크기로 불어 주어야 유아가 풍선을 쥐고 물감을 쉽게 찍을 수 있다.

☞ 물감 묻힌 풍선을 도화지에 꾹꾹 누르면 끈적이는 소리가 난다. 이 소리는 유아들에게 청각적인 자극이 될 뿐만 아니라 소리 나는 자체를 신기하게 여겨 흥미롭게 즐기기도 한다.

풍선을 눌러 도화지에 물감 찍기

도화지에 찍힌 물감

물감이 묻은 풍선

풍선으로 도화지에 찍기

풍선을 눌러 도화지에 물감 찍기

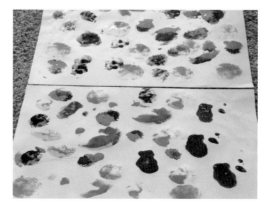

완성된 그림의 예

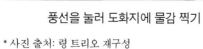

* 사진 출처: 령 트리오 재구성

134 파리채로 그림 그리기

목표 | 파리채로 그림을 그릴 수 있다.
자료 | 행거, 수건, 물감, 파리채, 종이접시, 물, 강화제

방법 ❶

- 교사가 종이접시에 물감을 푼 후 행거에 수건을 걸어 제시한다.
- 교사가 파리채에 물감을 묻혀 수건에 그림을 그리는 시범을 보인다.
- 유아에게 교사를 모방하여 파리채에 물감을 묻혀 수건에 그림을 그려 보라고 한다.
- 수행되면 유아 스스로 파리채에 물감을 묻혀 수건에 그림을 그려 보라고 한다.
- 수행되면 유아의 특성에 맞는 적절한 강화제를 제공한다.

방법 ❷

- 교사가 종이접시에 물감을 푼 후 행거에 수건을 걸어 제시한다.
- 교사가 파리채에 물감을 묻히는 시범을 보인다.
- 유아에게 교사를 모방하여 파리채에 물감을 묻혀 보라고 한다.
- 묻히지 못하면 교사가 유아의 손을 잡고 파리채에 물감을 묻혀 준다.
- 교사가 유아의 손을 잡고 파리채에 물감을 묻혀 주다가 유아에게 묻혀 보라고 한다.
- 묻히지 못하면 교사가 유아의 손을 잡고 파리채에 물감을 묻히는 동작을 반복해 준다.
- 교사가 유아의 손을 잡고 파리채를 물감에 대 준 후 유아에게 묻혀 보라고 한다.
- 도움을 점차 줄여 간다.
- 수행되면 유아 스스로 파리채에 물감을 묻혀 보라고 한다.

- 수행되면 교사가 물감이 묻은 파리채로 수건에 그림을 그리는 시범을 보인다.
- 유아에게 교사를 모방하여 물감이 묻은 파리채로 수건에 그림을 그려 보라고 한다.
- 그리지 못하면 교사가 유아의 손을 잡고 물감이 묻은 파리채로 수건에 그림을 그려 준다.
- 교사가 유아의 손을 잡고 물감이 묻은 파리채로 수건에 그림을 그려 주다가 유아에게 그려 보라고 한다.
- 그리지 못하면 교사가 유아의 손을 잡고 물감이 묻은 파리채로 수건에 그림을 그리는 동작을 반복해 준다.
- 교사가 유아에게 파리채에 물감을 묻히라고 한 후 수건을 가리키며 그림을 그려 보라고 한다.
- 도움을 점차 줄여 간다.
- 수행되면 유아 스스로 물감이 묻은 파리채로 수건에 그림을 그려 보라고 한다.
- 수행되면 유아 스스로 파리채에 물감을 묻혀 수건에 그림을 그려 보라고 한다.
- 수행되면 유아의 특성에 맞는 적절한 강화제를 제공한다.

☞ 파리채로 그림을 그린 후 유아의 상태에 따라 그림이 그려진 수건에 물총을 쏘거나 물감에 물총 쏘기, 물감에 물 떨어뜨리기 놀이로 확장시켜 줄 수 있다.

☞ 파리채로 그림 그리기는 특히 스트레스 해소에 아주 효과적이다. 따라서 유아들의 감정을 이완시켜 정서적으로 안정감을 제공해 줄 수 있는 대표적인 놀이 중 하나이다.

수건, 물감, 파리채, 일회용 접시

행거에 걸린 수건과 물감 준비

파리채에 물감 묻히기

물감을 묻힌 파리채

파리채로 그림 그리기

파리채로 그림 그리기

파리채로 그림 그리기

파리채로 그림 그리기

완성된 모습

수건에 물총 쏘기

물감에 물총 쏘기

물감에 물 떨어뜨리기

* 사진 출처: 령 트리오 재구성

135 꽃잎 액자 만들기   4~5세

목표 | 꽃잎 액자를 만들 수 있다.

자료 | 상자(하드보드지), 접착지, 다양한 꽃잎이나 잎, 가위, 강화제

방법 ❶

- 교사가 상자(하드보드지)로 액자 모양을 오려 제시한다.
- 교사가 유아와 함께 접착지를 오려 액자 뒷면에 붙여 준다.
- 교사가 접착지에 다양하게 꽃잎을 붙여 꽃잎 액자를 완성하는 시범을 보인다.
- 유아에게 교사를 모방하여 접착지에 다양하게 꽃잎을 붙여 꽃잎 액자를 완성해 보라고 한다.
- 수행되면 유아 스스로 접착지에 다양하게 꽃잎을 붙여 꽃잎 액자를 완성해 보라고 한다.
- 수행되면 유아의 특성에 맞는 적절한 강화제를 제공한다.

방법 ❷

- 교사가 상자(하드보드지)로 액자 모양을 오려 제시한다.
- 교사가 유아와 함께 접착지를 오려 액자 뒷면에 붙여 준다.
- 교사가 접착지에 꽃잎을 붙이는 시범을 보인다.
- 유아에게 교사를 모방하여 접착지에 꽃잎을 붙여 보라고 한다.
- 붙이지 못하면 교사가 유아의 손을 잡고 접착지에 꽃잎을 붙여 준다.
- 교사가 유아의 손을 잡고 접착지에 몇 개의 꽃잎을 붙여 주다가 유아에게 붙여 보라고 한다.
- 붙이지 못하면 교사가 유아의 손을 잡고 접착지에 꽃잎을 붙이는 동작을 반복해 준다.

- 교사가 꽃잎을 접착지에 대 준 후 유아에게 붙여 보라고 한다.
- 도움을 점차 줄여 간다.
- 수행되면 유아 스스로 접착지에 꽃잎을 붙여 보라고 한다.
- 수행되면 교사가 접착지에 다양하게 꽃잎을 붙여 꽃잎 액자를 완성하는 시범을 보인다.
- 유아에게 교사를 모방하여 접착지에 다양하게 꽃잎을 붙여 꽃잎 액자를 완성해 보라고 한다.
- 붙이지 못하면 교사가 접착지에 꽃잎을 붙이는 것을 지도한 것과 같은 방법으로 지도한다.
- 수행되면 유아 스스로 접착지에 다양하게 꽃잎을 붙여 꽃잎 액자를 완성해 보라고 한다.
- 수행되면 유아의 특성에 맞는 적절한 강화제를 제공한다.

☞ 접착지(contact paper)는 문방구에서 쉽게 구입할 수 있다. 뒷면 종이를 벗겨 내면 끈적끈적하게 달라붙는다.

☞ 꽃잎 액자 만들기는 야외에서 지도하면 더욱 효과적으로 흥미로운 놀이가 될 수 있다. 즉, 야외에서 각 풍경이나 꽃에 액자를 대 보게 하면서 액자를 통해서 보이는 풍경을 감상할 수 있도록 지도할 수 있고 꽃잎뿐만 아니라 열매 혹은 꽃을 줄기가 있는 상태로 붙이게 할 수도 있다.

☞ 놀이를 다양하게 확장시켜 줄 수 있다. 유아에게 액자를 준 후 얼굴에 대 보게 하거나 교실 곳곳에 액자를 대 보게 할 수 있다.

☞ 완성된 꽃잎 액자를 햇빛에 비쳐 보면 또 다른 느낌을 경험하게 할 수 있다.

상자로 액자 모양 오리기

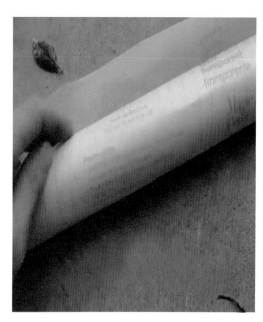

접착지(contact paper)

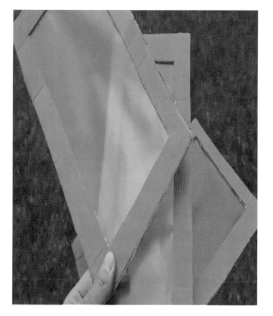

액자에 접착지 붙여 주기

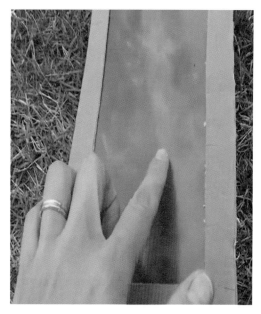

접착지에 손가락을 대면 끈적함

접착지에 꽃잎 붙이기

접착지에 꽃잎 붙이기

접착지에 꽃잎 붙이기

열매 따기

작은 열매

완성된 꽃잎 액자

완성된 꽃잎 액자

액자를 얼굴에 대 보기

액자를 장미꽃에 대 보기

액자에 구절초 꽃 대 보기

꽃봉오리 붙이기

액자를 하늘에 대 보기

* 사진 출처: 령 트리오 재구성

136 옷걸이로 모빌 만들기 4~5세

목표 | 옷걸이로 모빌을 만들 수 있다.

자료 | 옷걸이, 랩, 솜, 색종이로 접은 물방울, 다양한 색상의 줄(끈), 풀, 빨대, 색종이, 가위, 양면테이프, 강화제

방법 ❶

- 교사가 랩으로 옷걸이를 감싸서 제시한다.
- 교사가 미리 색종이로 물방울을 접어 줄(끈)에 붙인 다음 마지막에 우산을 붙여 놓는다.
- 교사가 빨대에는 양면테이프를 붙여 놓는다.
- 교사가 랩에 풀칠을 한 후 솜을 붙이는 시범을 보인다.
- 유아에게 교사를 모방하여 랩에 풀칠을 한 후 솜을 붙여 보라고 한다.
- 수행되면 유아 스스로 랩에 풀칠을 한 후 솜을 붙여 보라고 한다.
- 수행되면 교사가 옷걸이에 물방울과 우산이 붙인 끈을 달아 준 후 우산에 양면테이프로 빨대를 붙여 모빌을 완성하는 시범을 보인다.
- 교사가 양면테이프를 떼 준 후 유아에게 교사를 모방하여 우산에 빨대를 붙여 모빌을 완성해 보라고 한다.
- 수행되면 교사가 양면테이프를 떼 준 후 유아 스스로 우산에 빨대를 붙여 모빌을 완성해 보라고 한다.
- 수행되면 유아의 특성에 맞는 적절한 강화제를 제공한다.

방법 ❷

- 교사가 랩으로 옷걸이를 감싸서 제시한다.
- 교사가 미리 색종이로 물방울을 접어 줄(끈)에 붙인 다음 마지막에 우산을 붙여 놓는다.
- 교사가 빨대에는 양면테이프를 붙여 놓는다.
- 교사가 랩에 풀칠을 한 후 솜을 붙이는 시범을 보인다.

- 유아에게 교사를 모방하여 랩에 풀칠을 한 후 솜을 붙여 보라고 한다.
- 붙이지 못하면 교사가 유아의 손을 잡고 랩에 풀칠을 한 후 솜을 붙여 준다.
- 교사가 유아의 손을 잡고 랩에 풀칠을 한 후 솜을 붙여 주다가 유아에게 붙여 보라고 한다.
- 붙이지 못하면 교사가 유아의 손을 잡고 랩에 풀칠을 한 후 솜을 붙이는 동작을 반복해 준다.
- 교사가 유아의 손을 잡고 풀칠을 하다가 유아에게 풀칠을 하라고 한 후 솜을 붙여 보라고 한다.
- 도움을 점차 줄여 간다.
- 수행되면 유아 스스로 랩에 풀칠을 한 후 솜을 붙여 보라고 한다.
- 수행되면 교사가 옷걸이에 물방울과 우산이 붙인 끈을 달아 준 후 우산에 양면테이프로 빨대를 붙여 모빌을 완성하는 시범을 보인다.
- 교사가 양면테이프를 떼 준 후 유아에게 교사를 모방하여 우산에 빨대를 붙여 모빌을 완성해 보라고 한다.
- 하지 못하면 교사가 랩에 솜을 붙이는 것을 지도한 것과 같은 방법으로 지도한다.
- 수행되면 교사가 양면테이프를 떼 준 후 유아 스스로 우산에 빨대를 붙여 모빌을 완성해 보라고 한다.
- 수행되면 유아의 특성에 맞는 적절한 강화제를 제공한다.

☞ 유아의 상태에 따라 물방울이나 우산을 같이 붙이거나 유아 스스로 붙일 수 있도록 지도해도 무방하다.

☞ 옷걸이 밑에 모빌은 유아의 상태에 따라 다양하게 변화시켜도 무방하다.

☞ 물방울 접기는 인터넷에서 검색하면 간단하게 접는 방법을 숙지할 수 있다.

☞ 우산도 종이접기를 해서 제시하거나 색종이로 오려서 제시하면 된다.

4~5
세

랩으로 감싼 옷걸이와 물방울 제시

랩에 솜 붙이기

랩에 풀칠하기

랩에 솜 붙이기

끈에 물방울과 우산 붙이기

우산대는 빨대 사용

완성된 모빌(실외 장식)

완성된 모빌(실내 장식)

* 사진 출처: 령 트리오 재구성

플레이도우 탁구공 불기

목표 | 플레이도우로 길을 만들어 빨대로 공이 움직이도록 불 수 있다.
자료 | 플레이도우, 탁구공, 빨대, 강화제

방법 ❶

- 교사가 플레이도우를 주물러 길을 길게 만드는 시범을 보인다.
- 유아에게 교사를 모방하여 플레이도우를 주물러 길을 길게 만들어 보라고 한다.
- 수행되면 유아 스스로 플레이도우를 주물러 길을 길게 만들어 보라고 한다.
- 수행되면 교사가 플레이도우로 만든 길에 탁구공을 올려놓고 빨대로 탁구공을 불어 움직이게 하는 시범을 보인다.
- 유아에게 교사를 모방하여 플레이도우로 만든 길에 탁구공을 올려놓고 빨대로 탁구공을 불어 움직이게 해 보라고 한다.
- 수행되면 유아 스스로 플레이도우로 만든 길에 탁구공을 올려놓고 빨대로 탁구공을 불어 움직이게 해 보라고 한다.
- 수행되면 유아의 특성에 맞는 적절한 강화제를 제공한다.

방법 ❷

- 교사가 플레이도우를 주물러 길을 길게 만드는 시범을 보인다.
- 유아에게 교사를 모방하여 플레이도우를 주물러 길을 길게 만들어 보라고 한다.
- 만들지 못하면 교사가 유아의 손을 잡고 플레이도우를 주물러 길을 길게 만들어 준다.
- 교사가 유아의 손을 잡고 플레이도우를 주물러 길을 1/2 정도 길게 만들어 주다가 유아에게 만들어 보라고 한다.
- 만들지 못하면 교사가 유아의 손을 잡고 플레이도우를 주물러 길을 길게 만드는

동작을 반복해 준다.

- 교사가 유아의 손을 잡고 플레이도우를 주물러 길을 길게 1/3 정도 만들어 주다가 유아에게 만들어 보라고 한다.
- 도움을 점차 줄여 간다.
- 수행되면 유아 스스로 플레이도우를 주물러 길을 길게 만들어 보라고 한다.
- 수행되면 교사가 플레이도우로 만든 길에 탁구공을 올려놓고 빨대로 탁구공을 불어 움직이게 하는 시범을 보인다.
- 유아에게 교사를 모방하여 플레이도우로 만든 길에 탁구공을 올려놓고 빨대로 탁구공을 불어 움직이게 해 보라고 한다.
- 하지 못하면 교사가 유아의 손을 잡고 플레이도우로 만든 길에 탁구공을 올려놓은 후 유아와 교사가 함께 각각 빨대로 탁구공을 불어 움직이게 해 준다.
- 교사가 유아에게 플레이도우로 만든 길에 탁구공을 올려놓으라고 한 후 유아와 교사가 함께 각각 빨대로 탁구공을 불어 움직이게 해 주다가 유아에게 탁구공을 움직이게 해 보라고 한다.
- 하지 못하면 교사가 유아의 손을 잡고 플레이도우로 만든 길에 탁구공을 올려놓은 후 유아와 교사가 함께 각각 빨대로 탁구공을 불어 움직이게 하는 동작을 반복해 준다.
- 교사가 유아에게 플레이도우로 만든 길에 탁구공을 올려놓으라고 한 후 유아에게 탁구공을 빨대로 불어 움직이게 해 보라고 한다.
- 도움을 점차 줄여 간다.
- 수행되면 유아 스스로 플레이도우로 만든 길에 탁구공을 올려놓고 빨대로 탁구공을 불어 움직이게 해 보라고 한다.
- 수행되면 유아의 특성에 맞는 적절한 강화제를 제공한다.

☞ 유아의 상태에 따라 플레이도우로 길을 한 줄로 좀 넓게 만들어 주거나(사진 6 참조), 길을 두 줄(사진 3 참조)로 만들게 할 수 있다.

4~5
세

플레이도우 길게 늘이기

플레이도우 길게 늘이기

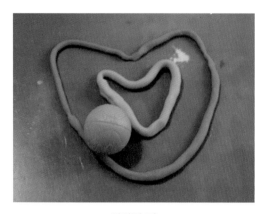

완성된 길

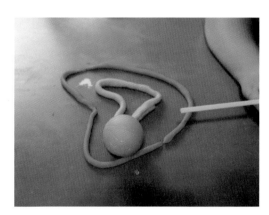

빨대로 탁구공 불기

다양한 길 만들기

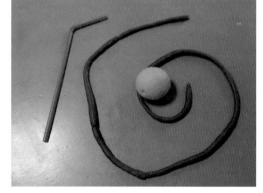

다양한 길 만들기

* 사진 출처: 령 트리오 재구성

 일회용 접시로 수박 만들기 1　　5~6세

목표 | 일회용 접시로 수박을 만들 수 있다.

자료 | 일회용 접시, 스틱, 물감(빨간색, 초록색), 투명 컵, 쉐이빙 크림, 강화제

5~6
세

방법 ❶

• 교사가 일회용 접시를 반으로 잘라 제시한다.

• 교사가 각각의 투명 컵에 빨간색, 초록색, 검정색 물감과 쉐이빙 크림을 넣어 준다.

• 교사가 각각의 투명 컵에 들어 있는 물감과 쉐이빙 크림을 스틱으로 저어 혼합하는 시범을 보인다.

• 유아에게 교사를 모방하여 각각의 투명 컵에 들어 있는 물감과 쉐이빙 크림을 스틱으로 저어 혼합해 보라고 한다.

• 수행되면 유아 스스로 각각의 투명 컵에 들어 있는 물감과 쉐이빙 크림을 스틱으로 저어 혼합해 보라고 한다.

• 수행되면 교사가 반으로 잘린 접시의 안쪽에는 쉐이빙 크림과 혼합된 빨간색을, 바깥쪽에는 초록색을 스틱으로 칠하는 시범을 보인다.

• 유아에게 교사를 모방하여 반으로 잘린 접시의 안쪽에는 쉐이빙 크림과 혼합된 빨간색을, 바깥쪽에는 초록색을 스틱으로 칠해 보라고 한다.

• 수행되면 유아 스스로 반으로 잘린 접시의 안쪽에는 쉐이빙 크림과 혼합된 빨간

107

색을, 바깥쪽에는 초록색을 스틱으로 칠해 보라고 한다.
- 수행되면 교사가 쉐이빙 크림과 혼합된 검정색을 스틱에 묻혀 종이접시 안쪽에 칠해진 빨간색 위에 수박씨를 톡톡 찍어 수박을 만드는 시범을 보인다.
- 유아에게 교사를 모방하여 쉐이빙 크림과 혼합된 검정색을 스틱에 묻혀 종이접시 안쪽에 칠해진 빨간색 위에 수박씨를 톡톡 찍어 수박을 만들어 보라고 한다.
- 수행되면 유아 스스로 쉐이빙 크림과 혼합된 검정색을 스틱에 묻혀 종이접시 안쪽에 칠해진 빨간색 위에 수박씨를 톡톡 찍어 수박을 만들어 보라고 한다.
- 수행되면 유아의 특성에 맞는 적절한 강화제를 제공한다.

방법 ❷

- 교사가 일회용 접시를 반으로 잘라 제시한다.
- 교사가 각각의 투명 컵에 빨간색, 초록색, 검정색 물감과 쉐이빙 크림을 넣어 준다.
- 교사가 각각의 투명 컵에 들어 있는 물감과 쉐이빙 크림을 스틱으로 저어 혼합하는 시범을 보인다.
- 유아에게 교사를 모방하여 각각의 투명 컵에 들어 있는 물감과 쉐이빙 크림을 스틱으로 저어 혼합해 보라고 한다.
- 젓지 못하면 교사가 유아의 손을 잡고 각각의 투명 컵에 들어 있는 물감과 쉐이빙 크림을 스틱으로 저어 혼합해 준다.
- 교사가 유아의 손을 잡고 각각의 투명 컵에 들어 있는 물감과 쉐이빙 크림을 스틱으로 저어 혼합해 주다가 유아에게 저어 보라고 한다.
- 젓지 못하면 교사가 유아의 손을 잡고 각각의 투명 컵에 들어 있는 물감과 쉐이빙 크림을 스틱으로 저어 혼합해 주는 동작을 반복해 준다.
- 교사가 스틱을 잡은 유아의 손을 각각의 투명 컵에 대 준 후 유아에게 스틱으로 저어 혼합해 보라고 한다.
- 도움을 점차 줄여 간다.
- 수행되면 유아 스스로 각각의 투명 컵에 들어 있는 물감과 쉐이빙 크림을 스틱으

로 저어 혼합해 보라고 한다.

- 수행되면 교사가 반으로 잘린 접시의 안쪽에는 쉐이빙 크림과 혼합된 빨간색을, 바깥쪽에는 초록색을 스틱으로 칠하는 시범을 보인다.

- 유아에게 교사를 모방하여 반으로 잘린 접시의 안쪽에는 쉐이빙 크림과 혼합된 빨간색을, 바깥쪽에는 초록색을 스틱으로 칠해 보라고 한다.

- 칠하지 못하면 교사가 각각의 투명 컵에 들어 있는 물감과 쉐이빙 크림을 스틱으로 저어 혼합하는 것을 지도한 것과 같은 방법으로 지도한다.

- 수행되면 유아 스스로 반으로 잘린 접시의 안쪽에는 쉐이빙 크림과 혼합된 빨간색을, 바깥쪽에는 초록색을 스틱으로 칠해 보라고 한다.

- 수행되면 교사가 쉐이빙 크림과 혼합된 검정색을 스틱에 묻혀 종이접시 안쪽에 칠해진 빨간색 위에 수박씨를 톡톡 찍어 수박을 만드는 시범을 보인다.

- 유아에게 교사를 모방하여 쉐이빙 크림과 혼합된 검정색을 스틱에 묻혀 종이접시 안쪽에 칠해진 빨간색 위에 수박씨를 톡톡 찍어 수박을 만들어 보라고 한다.

- 하지 못하면 교사가 각각의 투명 컵에 들어 있는 물감과 쉐이빙 크림을 스틱으로 저어 혼합하는 것을 지도한 것과 같은 방법으로 지도한다.

- 수행되면 유아 스스로 쉐이빙 크림과 혼합된 검정색을 스틱에 묻혀 종이접시 안쪽에 칠해진 빨간색 위에 수박씨를 톡톡 찍어 수박을 만들어 보라고 한다.

- 수행되면 유아의 특성에 맞는 적절한 강화제를 제공한다.

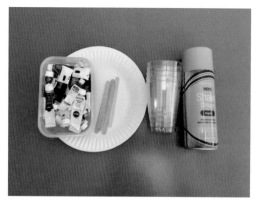

일회용 접시, 스틱, 물감, 투명 컵, 쉐이빙 크림

투명 컵에 물감과 쉐이빙 크림을 넣고 스틱으로 젓기

스틱으로 빨간색 쉐이빙 크림 발라 주기

스틱으로 초록색 쉐이빙 크림 발라 주기

스틱으로 수박씨 톡톡 찍어 주기

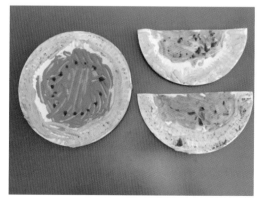

완성된 모양

* 사진 출처: 령 트리오 재구성

139 거북이 만들기

목표 | 종이접시로 거북이를 만들 수 있다.

자료 | 종이접시, 가위, 풀, 색종이 눈알, 강화제

방법 ❶

- 교사가 색종이로 거북이의 팔과 다리, 머리와 꼬리 그리고 등에 붙일 네모 모양을 오려 제시한다.
- 교사가 종이접시를 뒤집어 풀을 칠한 후 네모로 오려진 색종이를 붙이는 시범을 보인다.
- 유아에게 교사를 모방하여 종이접시를 뒤집어 풀을 칠한 후 네모로 오려진 색종이를 붙여 보라고 한다.
- 수행되면 유아 스스로 종이접시를 뒤집어 풀을 칠한 후 네모로 오려진 색종이를 붙여 보라고 한다.
- 수행되면 교사가 종이접시에 거북이의 팔과 다리를 붙이는 시범을 보인다.
- 유아에게 교사를 모방하여 종이접시에 거북이의 팔과 다리를 붙여 보라고 한다.
- 수행되면 유아 스스로 종이접시에 거북이의 팔과 다리를 붙여 보라고 한다.
- 수행되면 교사가 종이접시에 거북이의 꼬리와 머리를 붙인 후 머리에 눈을 붙이는 시범을 보인다.
- 유아에게 교사를 모방하여 종이접시에 거북이의 꼬리와 머리를 붙인 후 머리에 눈을 붙여 보라고 한다.
- 수행되면 유아 스스로 종이접시에 거북이의 꼬리와 머리를 붙인 후 머리에 눈을 붙여 보라고 한다.
- 수행되면 유아의 특성에 맞는 적절한 강화제를 제공한다.

방법 ❷

- 교사가 색종이로 거북이의 팔과 다리, 머리와 꼬리 그리고 등에 붙일 네모 모양을 오려 제시한다.
- 교사가 종이접시를 뒤집어 풀을 칠하는 시범을 보인다.
- 유아에게 교사를 모방하여 종이접시를 뒤집어 풀을 칠해 보라고 한다.
- 칠하지 못하면 교사가 유아의 손을 잡고 종이접시를 뒤집어 풀을 칠해 준다.
- 교사가 종이접시를 뒤집어 준 후 유아에게 풀을 칠해 보라고 한다.
- 칠하지 못하면 교사가 유아의 손을 잡고 종이접시를 뒤집어 풀을 칠하는 동작을 반복해 준다.
- 교사가 유아의 손을 잡고 종이접시를 뒤집어 풀을 칠해 주다가 유아에게 칠해 보라고 한다.
- 도움을 점차 줄여 간다.
- 수행되면 유아 스스로 종이접시를 뒤집어 풀을 칠해 보라고 한다.
- 수행되면 교사가 오려진 네모 색종이를 종이접시에 붙이는 시범을 보인다.
- 유아에게 교사를 모방하여 오려진 네모 색종이를 종이접시에 붙여 보라고 한다.
- 붙이지 못하면 종이접시를 뒤집어 풀을 칠한 것과 같은 방법으로 지도한다.
- 수행되면 유아 스스로 오려진 네모 색종이를 종이접시에 붙여 보라고 한다.
- 수행되면 교사가 종이접시에 거북이의 팔과 다리를 붙이는 시범을 보인다.
- 유아에게 교사를 모방하여 종이접시에 거북이의 팔과 다리를 붙여 보라고 한다.
- 붙이지 못하면 교사가 종이접시를 뒤집어 풀을 칠한 것과 같은 방법으로 지도한다.
- 수행되면 유아 스스로 종이접시에 거북이의 팔과 다리를 붙여 보라고 한다.
- 수행되면 교사가 종이접시에 거북이의 꼬리를 붙이는 시범을 보인다.
- 유아에게 교사를 모방하여 종이접시에 거북이의 꼬리를 붙여 보라고 한다.
- 붙이지 못하면 교사가 종이접시를 뒤집어 풀을 칠한 것과 같은 방법으로 지도한다.
- 수행되면 유아 스스로 종이접시에 거북이의 꼬리를 붙여 보라고 한다.
- 수행되면 교사가 종이접시에 거북이의 머리를 붙인 후 눈을 붙이는 시범을 보인다.

- 유아에게 교사를 모방하여 종이접시에 거북이의 머리를 붙인 후 눈을 붙여 보라고 한다.
- 붙이지 못하면 교사가 종이접시를 뒤집어 풀을 칠한 것과 같은 방법으로 지도한다.
- 수행되면 유아의 특성에 맞는 적절한 강화제를 제공한다.

☞ 네모로 오려진 색종이를 종이접시에 한 장씩 붙이는 것을 힘들어하면 손으로 색종이를 한꺼번에 집어 풀이 칠해진 종이접시에 뿌리게 해도 무방하다.

☞ 유아의 상태에 따라 거북이의 팔과 다리 머리와 꼬리, 그리고 등에 붙일 네모 모양을 직접 오리게 지도해도 무방하다.

☞ 유아의 상태에 따라 단계를 적절하게 조정(예: 팔과 다리를 붙이는 것을 각각 분리하여 팔을 붙인 후 다리를 붙이게 지도하거나 동시에 진행, 꼬리와 머리, 눈알을 각각 분리하여 지도하거나 동시에 지도하는 등)하여 지도하면 효율적이다.

준비물

종이접시 뒤집어 풀칠하기

네모로 오려진 색종이 붙이기

네모로 오려진 색종이 붙이기

손으로 집어 한꺼번에 붙이기

손으로 집어 한꺼번에 붙이기

머리와 다리 붙이기

완성된 모양

* 사진 출처: 령 트리오 재구성

140 키친타월 심지와 스티커로 모빌 만들기 5~6세

목표 ┃ 키친타월 심지와 스티커로 모빌을 만들 수 있다.

자료 ┃ 키친타월 심지, 색 도화지, 도화지, 다양한 모양의 스티커, 풀, 강화제

방법 ❶

- 교사가 색 도화지로 키친타월 심지를 감싸서 제시한다.
- 교사가 색 도화지와 도화지를 길게 잘라 제시한다.
- 교사가 색 도화지와 도화지에 각각 다양한 스티커를 붙이는 시범을 보인다.
- 유아에게 교사를 모방하여 색 도화지와 도화지에 각각 다양한 스티커를 붙여 보라고 한다.
- 수행되면 유아 스스로 색 도화지와 도화지에 각각 다양한 스티커를 붙여 보라고 한다.
- 수행되면 교사가 색 도화지로 감싼 키친타월에 스티커를 붙인 종이를 풀로 붙여 모빌을 완성하는 시범을 보인다.
- 유아에게 교사를 모방하여 색 도화지로 감싼 키친타월에 스티커를 붙인 종이를 풀로 붙여 모빌을 완성해 보라고 한다.
- 수행되면 유아 스스로 색 도화지로 감싼 키친타월에 스티커를 붙인 종이를 풀로 붙여 모빌을 완성해 보라고 한다.
- 수행되면 유아의 특성에 맞는 적절한 강화제를 제공한다.

방법 ❷

- 교사가 색 도화지로 키친타월 심지를 감싸서 제시한다.
- 교사가 색 도화지와 도화지를 길게 잘라 제시한다.
- 교사가 색 도화지와 도화지에 각각 다양한 스티커를 붙이는 시범을 보인다.

- 유아에게 교사를 모방하여 색 도화지와 도화지에 각각 다양한 스티커를 붙여 보라고 한다.
- 붙이지 못하면 교사가 유아의 손을 잡고 색 도화지와 도화지에 각각 다양한 스티커를 붙여 준다.
- 교사가 유아의 손을 잡고 예를 들어 색 도화지에 스티커를 붙여 주다가 유아에게 붙여 보라고 한다.
- 붙이지 못하면 교사가 유아의 손을 잡고 색 도화지와 도화지에 각각 다양한 스티커를 붙이는 동작을 반복해 준다.
- 교사가 스티커를 떼 준 후 유아에게 색 도화지와 도화지에 각각 다양한 스티커를 붙여 보라고 한다.
- 도움을 점차 줄여 간다.
- 수행되면 유아 스스로 색 도화지와 도화지에 각각 다양한 스티커를 붙여 보라고 한다.
- 수행되면 교사가 색 도화지로 감싼 키친타월에 스티커를 붙인 종이를 풀로 붙여 모빌을 완성하는 시범을 보인다.
- 유아에게 교사를 모방하여 색 도화지로 감싼 키친타월에 스티커를 붙인 종이를 풀로 붙여 모빌을 완성해 보라고 한다.
- 붙이지 못하면 교사가 색 도화지와 도화지에 각각 다양한 스티커를 붙이는 것을 지도한 것과 같은 방법으로 지도한다.
- 수행되면 유아 스스로 색 도화지로 감싼 키친타월에 스티커를 붙인 종이를 풀로 붙여 모빌을 완성해 보라고 한다.
- 수행되면 유아의 특성에 맞는 적절한 강화제를 제공한다.

☞ 유아의 상태에 따라 키친타월 심지를 같이 감싸거나, 색 도화지와 도화지를 유아 스스로 길게 자르게 해도 된다.

☞ 완성된 모빌을 유아가 좋아하는 장소에 걸어 주면 유아가 성취감을 느낄 수 있다.

☞ 줄을 만들어 목에 걸어 주어서 기타처럼 가지고 놀 수 있도록 하는 등 놀이를 확장시켜 줄 수 있다.

☞ 줄이나 끈보다 낚싯줄을 활용하면 줄이 투명하기 때문에 깔끔하게 모빌을 완성할 수 있다.

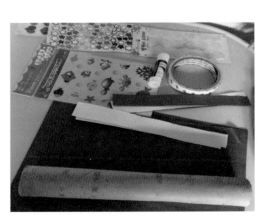
스티커, 테이프, 키친타월 심지, 색 도화지

스티커 준비

길게 자른 도화지에 스티커 붙이기

길게 자른 도화지에 스티커 붙이기

길게 자른 도화지에 스티커 붙이기

완성된 모빌

천정에 모빌 매달기

줄을 만들어 목에 걸어 주기

* 사진 출처: 렁 트리오 재구성

118

포크로 튤립 꽃 그리기 `5~6세`

목표 | 포크로 튤립 꽃을 그릴 수 있다.

자료 | 포크, 도화지, 물감, 물, 붓, 접시, 나비 및 잠자리 스티커, 눈알, 강화제

방법 ❶

- 교사가 각 접시에 각각 다른 색깔의 물감을 푼 후 포크를 올려놓는다.
- 교사가 물감을 묻힌 포크로 도화지에 듬성듬성 마음대로 튤립 꽃을 찍는 시범을 보인다.
- 유아에게 교사를 모방하여 물감을 묻힌 포크로 도화지에 듬성듬성 튤립 꽃을 마음대로 찍어 보라고 한다.
- 수행되면 유아 스스로 물감을 묻힌 포크로 도화지에 듬성듬성 튤립 꽃을 마음대로 찍어 보라고 한다.
- 수행되면 교사가 붓으로 튤립 꽃 밑에 줄기를 그려 준 후 나비 스티커를 꽃 위에 붙이는 시범을 보인다.
- 유아에게 교사를 모방하여 나비 스티커를 꽃 위에 붙여 보라고 한다.
- 수행되면 유아 스스로 나비 스티커를 꽃 위에 붙여 보라고 한다.
- 수행되면 유아의 특성에 맞는 적절한 강화제를 제공한다.

방법 ❷

- 교사가 각 접시에 각각 다른 색깔의 물감을 푼 후 포크를 올려놓는다.
- 교사가 물감을 묻힌 포크로 도화지에 듬성듬성 마음대로 튤립 꽃을 찍는 시범을 보인다.
- 유아에게 교사를 모방하여 물감을 묻힌 포크로 도화지에 듬성듬성 튤립 꽃을 마음대로 찍어 보라고 한다.

- 찍지 못하면 교사가 유아의 손을 잡고 물감을 묻힌 포크로 도화지에 듬성듬성 튤립 꽃을 마음대로 찍어 준다.
- 교사가 유아의 손을 잡고 도화지에 대 준 후 유아에게 물감을 묻힌 포크로 도화지에 듬성듬성 튤립 꽃을 마음대로 찍어 보라고 한다.
- 찍지 못하면 교사가 유아의 손을 잡고 물감을 묻힌 포크로 도화지에 듬성듬성 튤립 꽃을 마음대로 찍는 동작을 반복해 준다.
- 도움을 점차 줄여 간다.
- 수행되면 유아 스스로 물감을 묻힌 포크로 도화지에 듬성듬성 튤립 꽃을 마음대로 찍어 보라고 한다.
- 수행되면 교사가 붓으로 튤립 꽃 밑에 줄기를 그려 준 후 나비 스티커를 꽃 위에 붙이는 시범을 보인다.
- 유아에게 교사를 모방하여 나비 스티커를 튤립 꽃 위에 붙여 보라고 한다.
- 붙이지 못하면 교사가 유아의 손을 잡고 나비 스티커를 튤립 꽃 위에 붙여 준다.
- 교사가 유아의 손을 잡아 튤립 꽃 위에 대 준 후 나비 스티커를 떼 주면서 붙여 보라고 한다.
- 붙이지 못하면 교사가 유아의 손을 잡고 튤립 꽃 위에 나비 스티커를 붙이는 동작을 반복해 준다.
- 수행되면 교사가 유아의 손을 잡아 튤립 꽃 위에 대 준 후 나비 스티커를 붙여 보라고 한다.
- 도움을 점차 줄여 간다.
- 수행되면 유아 스스로 튤립 꽃 위에 나비 스티커를 붙여 보라고 한다.
- 수행되면 유아의 특성에 맞는 적절한 강화제를 제공한다.

☞ 튤립 꽃 위에 나비 외에도 잠자리 스티커 등을 붙이게 해 주면 유아들의 흥미를 좀 더 유발할 수 있다.

접시에 각각의 물감과 포크 준비

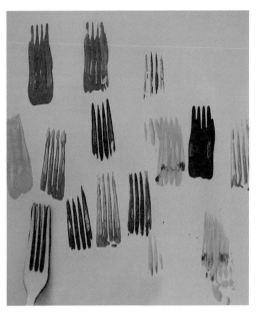

교사가 포크로 튤립 꽃 듬성듬성 찍는 시범

유아가 튤립 찍기

찍은 튤립에 교사가 붓으로 줄기 그려 주기

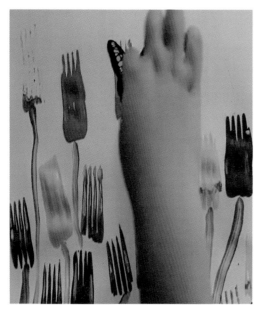

교사가 꽃 위에 나비 스티커 붙이는 시범

유아가 꽃 위에 스티커 붙이기

툴립 꽃 위에 나비 붙이기

완성된 툴립 꽃

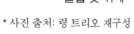

* 사진 출처: 렁 트리오 재구성

142 항아리 핑거 페인팅   5~6세

목표 ｜ 물감을 찍어 항아리에서 물이 나오는 모양을 만들 수 있다.
자료 ｜ 도화지, 색상지, 풀, 가위, 종이접시, 다양한 색상의 물감, 강화제

방법 ❶

- 교사가 색상지로 항아리를 오려서 제시한다.
- 교사가 도화지에 풀로 항아리를 붙인 다음 검지로 항아리에서 바깥으로 물감을 찍어 알록달록 물이 나오는 것처럼 보이게 하는 시범을 보인다.
- 유아에게 교사를 모방하여 도화지에 풀로 항아리를 붙인 다음 검지로 항아리에서 바깥으로 물감을 찍어 알록달록 물이 나오는 것처럼 보이게 해 보라고 한다.
- 수행되면 유아 스스로 도화지에 풀로 항아리를 붙인 다음 검지로 항아리에서 바깥으로 물감을 찍어 알록달록 물이 나오는 것처럼 보이게 해 보라고 한다.
- 수행되면 유아의 특성에 맞는 적절한 강화제를 제공한다.

방법 ❷

- 교사가 색상지로 항아리를 오려서 제시한다.
- 교사가 항아리에 풀칠을 한 후 도화지에 붙이는 시범을 보인다.
- 유아에게 교사를 모방하여 항아리에 풀칠을 한 후 도화지에 붙여 보라고 한다.
- 붙이지 못하면 교사가 유아의 손을 잡고 항아리에 풀칠을 한 후 도화지에 붙여 준다.
- 교사가 유아의 손을 잡고 항아리에 풀칠을 한 후 유아에게 도화지에 붙여 보라고 한다.
- 붙이지 못하면 교사가 유아의 손을 잡고 항아리에 풀칠을 한 후 도화지에 붙이는 동작을 반복해 준다.
- 교사가 항아리를 가리키며 유아에게 풀칠을 한 후 도화지에 붙여 보라고 한다.

- 도움을 점차 줄여 간다.
- 수행되면 유아 스스로 항아리에 풀칠을 한 후 도화지에 붙여 보라고 한다.
- 수행되면 교사가 예를 들어 검지에 파란색 물감을 묻힌 후 항아리 입구에서 바깥으로 물감을 콕콕 찍어 파란색 물이 나오는 것처럼 보이게 하는 시범을 보인다.
- 유아에게 교사를 모방하여 검지에 파란색 물감을 묻힌 후 항아리 입구에서 바깥으로 물감을 콕콕 찍어 파란색 물이 나오는 것처럼 보이게 해 보라고 한다.
- 찍지 못하면 교사가 유아의 손을 잡고 검지에 파란색 물감을 묻힌 후 항아리 입구에서 바깥으로 물감을 콕콕 찍어 파란색 물이 나오는 것처럼 보이게 해 준다.
- 교사가 유아의 손을 잡고 검지에 파란색 물감을 묻혀 준 후 유아에게 항아리 입구에서 바깥으로 물감을 콕콕 찍어 파란색 물이 나오는 것처럼 보이게 해 보라고 한다.
- 찍지 못하면 교사가 유아의 손을 잡고 검지에 파란색 물감을 묻힌 후 항아리 입구에서 바깥으로 물감을 콕콕 찍어 파란색 물이 나오는 것처럼 보이게 하는 동작을 반복해 준다.
- 교사가 유아에게 검지에 파란색 물감을 묻히라고 한 후 항아리 입구를 가리키며 유아에게 입구에서 바깥으로 물감을 콕콕 찍어 파란색 물이 나오는 것처럼 보이게 해 보라고 한다.
- 도움을 점차 줄여 간다.
- 수행되면 유아 스스로 검지에 파란색 물감을 묻힌 후 항아리 입구에서 바깥으로 물감을 콕콕 찍어 파란색 물이 나오는 것처럼 보이게 해 보라고 한다.
- 수행되면 교사가 예를 들어 검지에 빨간색 물감을 묻힌 후 항아리 입구에서 바깥으로 물감을 콕콕 찍어 빨간색 물이 나오는 것처럼 보이게 하는 시범을 보인다.
- 유아에게 교사를 모방하여 검지에 빨간색 물감을 묻힌 후 항아리 입구에서 바깥으로 물감을 콕콕 찍어 빨간색 물이 나오는 것처럼 보이게 해 보라고 한다.
- 찍지 못하면 교사가 검지에 파란색 물감을 묻힌 후 항아리 입구에서 바깥으로 파란색 물감을 콕콕 찍는 것을 지도한 것과 같은 방법으로 지도한다.
- 수행되면 다른 색의 물감을 검지에 묻힌 후 항아리 입구에서 바깥으로 다른 색의

물감을 콕콕 찍는 것도 같은 방법으로 지도한다.

• 수행되면 유아의 특성에 맞는 적절한 강화제를 제공한다.

☞ 핸드 페인팅을 지도한 것과 같은 방법으로 핑거 물감을 검지로 찍는 대신 스티커를 색상별로 붙여 항아리에서 알록달록 물이 나오게 지도할 수도 있다.

☞ 유아의 특성에 따라 남은 물감으로 손바닥이나 발바닥 찍기 놀이로 확장을 시켜 주어도 무방하다.

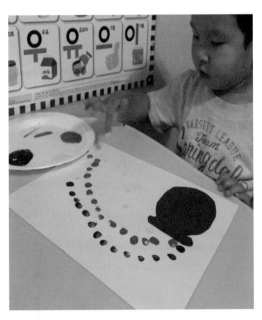

검지 손가락으로 콕콕 찍기

검지 손가락으로 콕콕 찍기

검지 손가락에 물감 묻히기

완성된 모양

물감으로 손바닥 찍기

완성된 모양

* 사진 출처: 렁 트리오 재구성

143 스티커 색종이로 모양 맞추기 5~6세

목표 | 스티커 색종이로 모양을 맞출 수 있다.

자료 | 스티커 색종이, 스케치북(도화지), 가위, 강화제

방법 ❶

- 교사가 도화지에 다양한 도형을 그려 제시한다.
- 교사가 가위로 스티커 색종이를 다양한 도형으로 오려 제시한다.
- 교사가 도화지에 그려진 다양한 도형 모양에 도형 스티커 색종이를 각각 맞추어 붙이는 시범을 보인다.
- 유아에게 교사를 모방하여 도화지에 그려진 다양한 도형 모양에 도형 스티커 색종이를 각각 맞추어 붙여 보라고 한다.
- 수행되면 유아 스스로 도화지에 그려진 다양한 도형 모양에 도형 스티커 색종이를 각각 맞추어 붙여 보라고 한다.
- 수행되면 유아의 특성에 맞는 적절한 강화제를 제공한다.

방법 ❷

- 교사가 도화지에 다양한 도형을 그려 제시한다.
- 교사가 가위로 스티커 색종이를 다양한 도형으로 오려 제시한다.
- 교사가 예를 들어 도화지에 그려진 동그라미 도형에 동그라미 스티커 색종이를 붙이는 시범을 보인다.
- 유아에게 교사를 모방하여 도화지에 그려진 동그라미 도형에 동그라미 스티커 색종이를 붙여 보라고 한다.
- 붙이지 못하면 교사가 유아의 손을 잡고 도화지에 그려진 동그라미 도형에 동그라미 스티커 색종이를 붙여 준다.

- 교사가 유아의 손을 잡고 도화지에 그려진 동그라미 도형에 동그라미 스티커 색종이를 대 준 후 유아에게 붙여 보라고 한다.
- 붙이지 못하면 교사가 유아의 손을 잡고 도화지에 그려진 동그라미 도형에 동그라미 스티커 색종이를 붙이는 동작을 반복해 준다.
- 교사가 도화지에 그려진 동그라미 도형을 가리키며 동그라미 스티커 색종이를 붙여 보라고 한다.
- 도움을 점차 줄여 간다.
- 수행되면 유아 스스로 도화지에 그려진 동그라미 도형에 동그라미 스티커 색종이를 붙여 보라고 한다.
- 수행되면 교사가 예를 들어 도화지에 그려진 세모 도형에 세모 스티커 색종이를 붙이는 시범을 보인다.
- 유아에게 교사를 모방하여 도화지에 그려진 세모 도형에 세모 스티커 색종이를 붙여 보라고 한다.
- 붙이지 못하면 교사가 도화지에 그려진 동그라미 도형에 동그라미 스티커 색종이를 붙이는 것을 지도한 것과 같은 방법으로 지도한다.
- 수행되면 유아 스스로 도화지에 그려진 세모 도형에 세모 스티커 색종이를 붙여 보라고 한다.
- 수행되면 교사가 예를 들어 도화지에 그려진 네모 도형에 네모 스티커 색종이를 붙이는 시범을 보인다.
- 유아에게 교사를 모방하여 도화지에 그려진 네모 도형에 네모 스티커 색종이를 붙여 보라고 한다.
- 붙이지 못하면 교사가 도화지에 그려진 동그라미 도형에 동그라미 스티커 색종이를 붙이는 것을 지도한 것과 같은 방법으로 지도한다.
- 수행되면 유아 스스로 도화지에 그려진 네모 도형에 네모 스티커 색종이를 붙여 보라고 한다.
- 수행되면 교사가 도화지에 그려진 다양한 모양의 도형(예: 하트)에 도형 스티커 색

종이를 각각 맞추어 붙이는 시범을 보인다.

• 유아에게 교사를 모방하여 도화지에 그려진 다양한 도형 모양에 도형 스티커 색종이를 각각 맞추어 붙여 보라고 한다.

• 수행되면 유아 스스로 도화지에 그려진 다양한 도형 모양에 도형 스티커 색종이를 각각 맞추어 붙여 보라고 한다.

• 수행되면 유아의 특성에 맞는 적절한 강화제를 제공한다.

☞ 도형의 종류는 유아의 상태에 따라 적절하게 조정(예: 도형 3종류, 4종류, 5종류, 집 모양, 나무 모양 등)해 주면 된다.

☞ 수행되면 유아의 상태에 따라 사진처럼 다양한 형태로 붙일 수 있도록 확장해 주면 효과적이다.

5~6
세

스티커 색종이

색종이에 붙은 스티커 떼기

동그라미 붙이기

세모 색종이 스티커

세모 붙이기

네모 붙이기

모양 맞추어 보기

모양 붙이기

완성된 모양

완성된 모양

다양한 형태에 붙이기

다양한 형태에 붙이기

* 사진 출처: 령 트리오 재구성

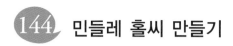

144 민들레 홀씨 만들기

5~6세

목표 | 민들레 홀씨를 만들 수 있다.

자료 | 유색 도화지, 스티로폼 공, 면봉, 초록색 빨대, 초록색의 두꺼운 실(초록색 색종이),
공예 풀, 글루건, 강화제

방법 ❶

- 교사가 칼로 스티로폼 공을 반으로 자른 후 공예 풀로 초록색 도화지에 붙여 제시
한다.
- 교사가 가위로 면봉을 뾰족하게 잘라 제시한다.
- 교사가 초록색의 두꺼운 실에 공예 풀을 칠해 제시하거나 초록색 색종이로 잎을
잘라 제시한다.
- 교사가 스티로폼 공에 면봉을 꽂는 시범을 보인다.
- 유아에게 교사를 모방하여 스티로폼 공에 면봉을 꽂아 보라고 한다.
- 수행되면 유아 스스로 스티로폼 공에 면봉을 꽂아 보라고 한다.
- 수행되면 교사가 스티로폼 공에 초록색 빨대를 글루건으로 붙인 후 빨대 양쪽에
잎을 붙이는 시범을 보인다.
- 교사가 스티로폼 공에 초록색 빨대를 글루건으로 붙여 준 후 유아에게 교사를 모
방하여 빨대 양쪽에 잎을 붙여 보라고 한다.
- 수행되면 교사가 스티로폼 공에 초록색 빨대를 글루건으로 붙여 준 후 유아 스스
로 빨대 양쪽에 잎을 붙여 보라고 한다.
- 수행되면 유아의 특성에 맞는 적절한 강화제를 제공한다.

방법 ❷

- 교사가 칼로 스티로폼 공을 반으로 자른 후 공예 풀로 초록색 도화지에 붙여 제시

한다.

- 교사가 가위로 면봉을 뾰족하게 잘라 제시한다.
- 교사가 초록색의 두꺼운 실에 공에 풀을 칠해 제시하거나 초록색 색종이로 잎을 잘라 제시한다.
- 교사가 스티로폼 공에 면봉을 꽂는 시범을 보인다.
- 유아에게 교사를 모방하여 스티로폼 공에 면봉을 꽂아 보라고 한다.
- 꽂지 못하면 교사가 유아의 손을 잡고 스티로폼 공에 면봉을 꽂아 준다.
- 교사가 유아의 손을 잡고 스티로폼 공에 면봉을 꽂아 주다가 유아에게 꽂아 보라고 한다.
- 꽂지 못하면 교사가 유아의 손을 잡고 스티로폼 공에 면봉을 꽂는 동작을 반복해 준다.

- 교사가 면봉을 유아의 손에 쥐어 준 후 스티로폼 공에 꽂아 보라고 한다.
- 도움을 점차 줄여 간다.
- 수행되면 유아 스스로 스티로폼 공에 면봉을 꽂아 보라고 한다.
- 수행되면 교사가 스티로폼 공에 초록색 빨대를 글루건으로 붙인 후 빨대 오른쪽 (왼쪽)에 잎을 붙이는 시범을 보인다.
- 교사가 스티로폼 공에 초록색 빨대를 글루건으로 붙여 준 후 유아에게 교사를 모방하여 빨대 오른쪽(왼쪽)에 잎을 붙여 보라고 한다.
- 붙이지 못하면 교사가 스티로폼 공에 면봉을 꽂는 것을 지도한 것과 같은 방법으로 지도한다.
- 수행되면 유아 스스로 빨대 오른쪽(왼쪽)에 잎을 붙여 보라고 한다.
- 수행되면 교사가 빨대 왼쪽(오른쪽)에 잎을 붙이는 시범을 보인다.
- 유아에게 교사를 모방하여 빨대 왼쪽(오른쪽)에 잎을 붙여 보라고 한다.
- 붙이지 못하면 교사가 스티로폼 공에 면봉을 꽂는 것을 지도한 것과 같은 방법으로 지도한다.
- 수행되면 유아 스스로 빨대 왼쪽(오른쪽)에 잎을 붙여 보라고 한다.

• 수행되면 유아의 특성에 맞는 적절한 강화제를 제공한다.

☞ 스티로폼 공이 없다면 찰흙이나 밀가루 반죽으로 반원을 만들어 사용해도 무방하다.

☞ 칼을 사용해 스티로폼 공을 반으로 잘라서 사용하는 것이 편리하나, 고정시킬 수 있다면 스티로폼 공을 자르지 않고 사용하면 좀 더 민들레 홀씨의 느낌을 재연할 수 있다.

☞ 면봉은 가위로 뾰족하게 잘라 주어야 스티로폼 공에 쉽게 꽂을 수 있다.

☞ 유색 도화지는 유아가 좋아하는 색으로 선택하게 해 주면 된다. 어떤 색을 사용해도 무방하다.

☞ 유아의 상태에 따라 반으로 잘린 스티로폼 공을 도화지에 직접 붙이게 지도할 수 있다.

☞ 잎은 유아의 상태에 따라 교사가 유아의 손을 잡고 잘라 주어도 된다. 그리고 잎 모양의 스티커를 제공해 주어 빨대 옆에 붙일 수 있도록 지도해도 무방하다.

스티로폼 공에 면봉 꽂기

스티로폼 공에 면봉 꽂기

스티로폼 공에 면봉 꽂기

줄기와 잎 만들기

완성된 모습

민들레 꽃씨 불기

* 사진 출처: 령 트리오 재구성

딸기 아이스크림 만들기

목표 | 딸기 아이스크림을 만들 수 있다.

자료 | 도일리페이퍼, 딸기 스티커, 네임펜, 스케치북(도화지), 색종이, 가위, 풀, 강화제

방법 ❶

- 교사가 가위로 세모를 오려 스케치북(도화지)에 붙여 제시한다.
- 교사가 세모 위에 도일리페이퍼를 붙인 후 네임펜으로 색칠을 한 다음 딸기 스티커를 붙이는 시범을 보인다.
- 유아에게 교사를 모방하여 세모 위에 도일리페이퍼를 붙인 후 네임펜으로 색칠을 한 다음 딸기 스티커를 붙여 보라고 한다.
- 수행되면 유아 스스로 세모 위에 도일리페이퍼를 붙인 후 네임펜으로 색칠을 한 다음 딸기 스티커를 붙여 보라고 한다.
- 수행되면 유아의 특성에 맞는 적절한 강화제를 제공한다.

방법 ❷

- 교사가 가위로 세모를 오려 스케치북(도화지)에 붙여 제시한다.
- 교사가 도일리페이퍼를 뒤집어 풀을 칠한 후 세모 위에 붙이는 시범을 보인다.
- 유아에게 교사를 모방하여 도일리페이퍼를 뒤집어 풀을 칠한 후 세모 위에 붙여 보라고 한다.
- 붙이지 못하면 교사가 유아의 손을 잡고 도일리페이퍼를 뒤집어 풀을 칠한 후 세모 위에 붙여 준다.
- 교사가 유아의 손을 잡고 도일리페이퍼를 뒤집어 풀을 칠한 후 유아에게 세모 위에 붙여 보라고 한다.
- 붙이지 못하면 교사가 유아의 손을 잡고 도일리페이퍼를 뒤집어 풀을 칠한 후 세

모 위에 붙이는 동작을 반복해 준다.
- 교사가 유아에게 도일리페이퍼를 뒤집어 풀을 칠하라고 한 후 세모를 가리키며 세모 위에 붙여 보라고 한다.
- 도움을 점차 줄여 간다.
- 수행되면 유아 스스로 도일리페이퍼를 뒤집어 풀을 칠한 후 세모 위에 붙여 보라고 한다.
- 수행되면 교사가 도일리페이퍼에 네임펜으로 색칠을 하는 시범을 보인다.
- 유아에게 교사를 모방하여 도일리페이퍼에 네임펜으로 색칠을 해 보라고 한다.
- 칠하지 못하면 교사가 유아의 손을 잡고 도일리페이퍼에 네임펜으로 색칠을 해 준다.
- 교사가 유아의 손을 잡고 도일리페이퍼에 네임펜으로 색칠을 해 주다가 유아에게 칠해 보라고 한다.
- 칠하지 못하면 교사가 유아의 손을 잡고 도일리페이퍼에 네임펜으로 색칠을 하는 동작을 반복해 준다.
- 교사가 네임펜을 잡은 유아의 손을 도일리페이퍼에 대 준 후 유아에게 색칠을 해 보라고 한다.
- 도움을 점차 줄여 간다.
- 수행되면 유아 스스로 도일리페이퍼에 네임펜으로 색칠을 해 보라고 한다.
- 수행되면 교사가 색칠된 도일리페이퍼에 딸기 스티커를 붙여 꾸미는 시범을 보인다.
- 유아에게 교사를 모방하여 색칠된 도일리페이퍼에 딸기 스티커를 붙여 꾸며 보라고 한다.
- 하지 못하면 도일리페이퍼에 네임펜으로 색칠을 하는 것을 지도한 것과 같은 방법으로 지도한다.
- 수행되면 유아 스스로 색칠된 도일리페이퍼에 딸기 스티커를 붙여 꾸며 보라고 한다.

5~6
세

• 수행되면 유아의 특성에 맞는 적절한 강화제를 제공한다.

☞ 유아의 상태에 따라 색종이에 세모를 그려 준 후 직접 오리도록 지도해도 무방하다.

☞ 딸기 아이스크림을 완성한 후 아이스크림을 먹는 흉내를 내는 놀이로 확장시켜 줄 수 있다.

☞ 딸기 스티커를 떼서 손이나 얼굴의 특정 부위에 붙이는 놀이로 확장시켜 줄 수 있다.

페이퍼 칠하기

페이퍼 칠하기

딸기 스티커 붙이기

딸기 스티커 붙이기

5~6
세

완성된 모양

아이스크림 먹는 흉내 내기

* 사진 출처: 령 트리오 재구성

양초로 그림 그리기 5~6세

목표 | 양초로 그림을 그릴 수 있다.
자료 | 수채화 물감, 큰 붓, 양초, 물, 빈 그릇, 스케치북, 강화제

방법 ❶

- 교사가 팔레트에 다양한 색상의 물감을 짜서 제시한다.
- 교사가 빈 그릇에 물을 담아 제시한다.
- 교사가 양초로 스케치북에 그림을 그리는 시범을 보인다.
- 유아에게 교사를 모방하여 양초로 스케치북에 그림을 그려 보라고 한다.
- 수행되면 유아 스스로 스케치북에 양초로 그림을 그려 보라고 한다.
- 수행되면 교사가 양초 그림 위에 큰 붓으로 물감을 칠하는 시범을 보인다.
- 유아에게 교사를 모방하여 양초 그림 위에 큰 붓으로 물감을 칠해 보라고 한다.
- 수행되면 유아 스스로 양초 그림 위에 큰 붓으로 물감을 칠해 보라고 한다.
- 수행되면 유아의 특성에 맞는 적절한 강화제를 제공한다.

방법 ❷

- 교사가 팔레트에 다양한 색상의 물감을 짜서 제시한다.
- 교사가 빈 그릇에 물을 담아 제시한다.
- 교사가 양초로 스케치북에 그림을 그리는 시범을 보인다.
- 유아에게 교사를 모방하여 양초로 스케치북에 그림을 그려 보라고 한다.
- 그리지 못하면 교사가 유아의 손을 잡고 양초로 스케치북에 그림을 그려 준다.
- 교사가 양초를 쥔 유아의 손을 스케치북에 대 준 후 그림을 그려 보라고 한다.
- 그리지 못하면 교사가 유아의 손을 잡고 양초로 스케치북에 그림을 그려 주는 동작을 반복해 준다.

- 교사가 양초를 유아의 손에 쥐어 준 후 스케치북에 그림을 그려 보라고 한다.
- 도움을 점차 줄여 간다.
- 수행되면 유아 스스로 양초를 쥐고 스케치북에 그림을 그려 보라고 한다.
- 수행되면 교사가 양초 그림 위에 큰 붓으로 물감을 칠하는 시범을 보인다.
- 유아에게 교사를 모방하여 양초 그림 위에 큰 붓으로 물감을 칠해 보라고 한다.
- 칠하지 못하면 양초로 스케치북에 그림을 그리는 것을 지도한 것과 같은 방법으로 지도한다.
- 수행되면 유아 스스로 양초 그림 위에 큰 붓으로 물감을 마음대로 칠해 보라고 한다.
- 수행되면 유아의 특성에 맞는 적절한 강화제를 제공한다.

☞ 양초로 그림을 그린 후 물감을 칠할 때 너무 많은 물감이나 물이 많이 묻으면 그림이 잘 드러나지 않으므로 유의해야 한다.

☞ 사진과 같이 팔레트에 물감을 미리 짜서 굳혀 놓은 후 사용하면 너무 많은 물감을 칠해서 양초의 흔적까지 덮어 버리는 실수를 미연에 방지할 수 있다.

☞ 반드시 큰 붓을 사용하여 유아가 몇 번만 칠해도 결과물이 나올 수 있도록 하여 쉽게 성취감을 느낄 수 있도록 지도해 주면 효과적이다.

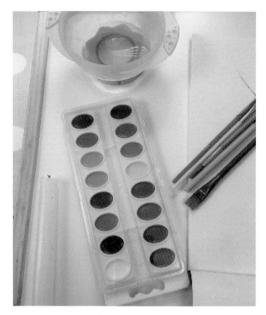

수채화 물감, 큰 붓, 그릇 등

양초 그림 위에 물감 칠하기

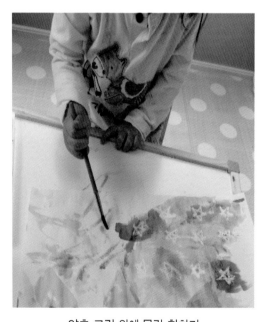

양초 그림 위에 물감 칠하기

완성된 모양

* 사진 출처: 령 트리오 재구성

147 국자로 공 옮기기 놀이 5~6세

목표 | 국자로 공을 담아 바구니에 옮길 수 있다.

자료 | 국자, 여러 개의 공, 트레이, 바구니, 강화제

방법 ❶

- 교사가 여러 개의 공을 트레이에 담아 제시한다.
- 교사가 국자로 공을 담아 바구니에 옮기는 시범을 보인다.
- 유아에게 교사를 모방하여 국자로 공을 담아 바구니에 옮겨 보라고 한다.
- 수행되면 유아 스스로 국자로 공을 담아 바구니에 옮겨 보라고 한다.
- 수행되면 유아의 특성에 맞는 적절한 강화제를 제공한다.

방법 ❷

- 교사가 여러 개의 공을 트레이에 담아 제시한다.
- 교사가 국자로 공을 담아 바구니에 옮기는 시범을 보인다.
- 유아에게 교사를 모방하여 국자로 공을 담아 바구니에 옮겨 보라고 한다.
- 옮기지 못하면 교사가 유아의 손을 잡고 국자로 공을 담아 바구니에 옮겨 준다.
- 교사가 유아의 손을 국자에 대 준 후 유아에게 국자로 공을 담아 바구니에 옮겨
  보라고 한다.
- 옮기지 못하면 교사가 유아의 손을 잡고 국자로 공을 담아 바구니에 옮기는 동작
  을 반복해 준다.
- 교사가 국자를 가리키며 유아에게 국자로 공을 담아 바구니에 옮겨 보라고 한다.
- 도움을 점차 줄여 간다.
- 수행되면 유아 스스로 국자로 공을 담아 바구니에 옮겨 보라고 한다.
- 수행되면 유아의 특성에 맞는 적절한 강화제를 제공한다.

5~6세

143

☞ 유아의 상태에 따라 국자로 공 옮기기가 수행되면 반환점을 만들어 놓고 국자로 공을 옮겨 반환점을 돌아오는 경주를 할 수 있다.

여러 개의 공을 트레이(쟁반)에 담아 제시

교사가 국자로 공을 담아 바구니에 옮기는 시범

유아에게 교사를 모방하여 국자로 공을 담아
바구니에 옮겨 보라고 하기

교사가 유아의 손을 잡고 국자로 공을 담아
바구니에 옮겨 주기

교사가 유아의 손을 국자에 대 주기

유아 스스로 국자로 공을 담아 바구니에 옮기기

페트병을 불어 비눗방울 그림 그리기 5~6세

목표 │ 망을 씌운 페트병을 불어 비눗방울 그림을 그릴 수 있다.

자료 │ 500ml 페트병 여러 개, 양파망이나 오렌지망, 다양한 색상의 물감, 전지, 비눗물, 플라스틱 통 여러 개, 칼, 가위, 테이프, 강화제

방법 ❶

- 교사가 미리 페트병 아래를 칼로 잘라 자른 부분에 양파망이나 오렌지망을 씌운 후 테이프로 붙여 놓는다.
- 교사가 다양한 색상의 비눗물을 각각의 플라스틱 통에 담아 제시한다.
- 교사가 좋아하는 색깔의 비눗물 통에 망을 씌운 페트병을 적신 후 페트병을 불어 비눗방울을 만드는 시범을 보인다.
- 유아에게 교사를 모방하여 좋아하는 색깔의 비눗물 통에 망을 씌운 페트병을 적신 후 페트병을 불어 비눗방울을 만들어 보라고 한다.
- 수행되면 유아 스스로 좋아하는 색깔의 비눗물 통에 망을 씌운 페트병을 적신 후 페트병을 불어 비눗방울을 만들어 보라고 한다.
- 수행되면 유아의 특성에 맞는 적절한 강화제를 제공한다.

방법 ❷

- 교사가 미리 페트병 아래를 칼로 잘라 자른 부분에 양파망이나 오렌지망을 씌운 후 테이프로 붙여 놓는다.
- 교사가 다양한 색상의 비눗물을 각각의 플라스틱 통에 담아 제시한다.
- 교사가 좋아하는 색깔의 비눗물 통에 망을 씌운 페트병을 적시는 시범을 보인다.
- 유아에게 교사를 모방하여 좋아하는 색깔의 비눗물 통에 망을 씌운 페트병을 적셔 보라고 한다.
- 적시지 못하면 교사가 유아의 손을 잡고 좋아하는 색깔의 비눗물 통에 망을 씌운

5~6
세

페트병을 적셔 준다.

- 교사가 망을 씌운 페트병을 쥔 유아의 손을 좋아하는 색깔의 비눗물 통에 대 준 후 유아에게 적셔 보라고 한다.
- 적시지 못하면 교사가 유아의 손을 잡고 좋아하는 색깔의 비눗물 통에 망을 씌운 페트병을 적시는 동작을 반복해 준다.
- 교사가 유아가 좋아하는 색깔의 비눗물 통을 가리키며 유아에게 망을 씌운 페트병을 적셔 보라고 한다.
- 도움을 점차 줄여 간다.
- 수행되면 유아 스스로 좋아하는 색깔의 비눗물 통에 망을 씌운 페트병을 적셔 보라고 한다.
- 수행되면 교사가 비눗물을 적신 페트병을 불어 비눗방울을 만드는 시범을 보인다.
- 유아에게 교사를 모방하여 비눗물을 적신 페트병을 불어 비눗방울을 만들어 보라고 한다.
- 불지 못하면 교사가 비눗물을 적신 페트병을 유아의 입에 대 준 후 손으로 입을 모아 준 다음 유아에게 페트병을 불어 비눗방울을 만들어 보라고 한다.
- 교사가 비눗물을 적신 페트병을 유아의 입에 대 준 후 유아에게 페트병을 불어 비눗방울을 만들어 보라고 한다.
- 불지 못하면 교사가 비눗물을 적신 페트병을 유아의 입에 대 준 후 손으로 입을 모아 준 다음 유아가 페트병을 불어 비눗방울을 만드는 동작을 반복해 준다.
- 도움을 점차 줄여 간다.
- 수행되면 유아 스스로 좋아하는 색깔의 비눗물 통에 망을 씌운 페트병을 적신 후 페트병을 불어 비눗방울을 만들어 보라고 한다.
- 수행되면 유아의 특성에 맞는 적절한 강화제를 제공한다.

☞ 비눗방울 물이 없을 경우 주방 세제(가능하면 천연 세제)로 해도 무방하다.

☞ 물감 대신 플레이콘을 녹여 사용해도 유아의 흥미를 유발할 수 있다.

500ml 페트병

양파 혹은 오렌지망

페트병에 오렌지망 씌운 모양

물감으로 다양한 색상의 비눗물 만들기

전지 펼치기

비눗물에 망을 씌운 페트병 적시기

물감에 적신 페트병 불기

불면 만들어지는 비눗방울

전지에 비눗방울로 그림 그리기

전지에 비눗방울로 그림 그리기

전지에 비눗방울로 그림 그리기

전지에 비눗방울로 그림 그리기

완성된 그림

완성된 그림

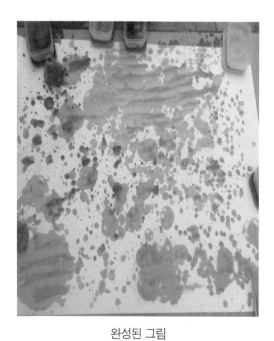

완성된 그림

물감 대신 플레이콘 사용 가능

* 사진 출처: 렁 트리오 재구성

포크로 사자 그리기

목표 | 포크로 사자를 그릴 수 있다.

자료 | 사자 도안, 포크, 물감, 물, 붓, 접시, 눈알, 강화제

방법 ❶

- 교사가 각 접시에 각각 다른 색깔의 물감을 푼 후 포크를 올려놓는다.
- 교사가 사자 얼굴과 코가 그려진 도안을 제시한다.
- 교사가 물감을 묻힌 포크로 사자의 얼굴(동그라미)을 따라 갈기를 찍는 시범을 보인다.
- 유아에게 교사를 모방하여 물감을 묻힌 포크로 사자의 얼굴을 따라 갈기를 찍어 보라고 한다.
- 수행되면 유아 스스로 물감을 묻힌 포크로 사자의 얼굴을 따라 갈기를 찍어 보라고 한다.
- 수행되면 교사가 사자 얼굴에 눈알을 붙이는 시범을 보인다.
- 유아에게 교사를 모방하여 사자 얼굴에 눈알을 붙여 보라고 한다.
- 수행되면 유아 스스로 사자 얼굴에 눈알을 붙여 보라고 한다.
- 수행되면 유아의 특성에 맞는 적절한 강화제를 제공한다.

방법 ❷

- 교사가 각 접시에 각각 다른 색깔의 물감을 푼 후 포크를 올려놓는다.
- 교사가 사자 얼굴과 코가 그려진 도안을 제시한다.
- 교사가 물감을 묻힌 포크로 사자의 얼굴(동그라미)을 따라 갈기를 찍는 시범을 보인다.
- 유아에게 교사를 모방하여 물감을 묻힌 포크로 사자의 얼굴을 따라 갈기를 찍어 보라고 한다.
- 찍지 못하면 교사가 유아의 손을 잡고 물감을 묻힌 포크로 사자의 얼굴을 따라 갈

기를 찍어 준다.

- 교사가 유아의 손을 잡고 사자 얼굴에 대 준 후 유아에게 물감을 묻힌 포크로 사자의 얼굴을 따라 갈기를 찍어 보라고 한다.
- 찍지 못하면 교사가 유아의 손을 잡고 물감을 묻힌 포크로 사자의 얼굴을 따라 갈기를 찍는 동작을 반복해 준다.
- 도움을 점차 줄여 간다.
- 수행되면 유아 스스로 물감을 묻힌 포크로 사자의 얼굴을 따라 갈기를 찍어 보라고 한다.
- 수행되면 교사가 사자 얼굴에 눈알을 붙이는 시범을 보인다.
- 유아에게 교사를 모방하여 사자 얼굴에 눈알을 붙여 보라고 한다.
- 붙이지 못하면 교사가 유아의 손을 잡고 사자 얼굴에 눈알을 붙여 준다.
- 교사가 유아의 손을 잡아 사자 얼굴의 눈 위치에 대 준 후 눈알을 떼 주면서 붙여 보라고 한다.
- 붙이지 못하면 교사가 유아의 손을 잡고 사자 얼굴에 눈알을 붙이는 동작을 반복해 준다.
- 수행되면 교사가 사자의 얼굴을 가리키며 유아에게 사자 눈알을 붙여 보라고 한다.
- 도움을 점차 줄여 간다.
- 수행되면 유아 스스로 사자 눈알을 붙여 보라고 한다.
- 수행되면 유아의 특성에 맞는 적절한 강화제를 제공한다.

☞ 사자 눈을 그려 주는 것보다 모형 눈알을 붙이게 하면 유아의 흥미를 더 유발할 수 있으니 참고하도록 한다.

☞ 병아리도 이와 같은 방법으로 지도하면 된다. 병아리의 입은 유아의 상태에 따라 같이 만들어도 되고 교사가 미리 만들어 제시해 주어도 무방하다.

접시에 각각의 물감과 포크 준비

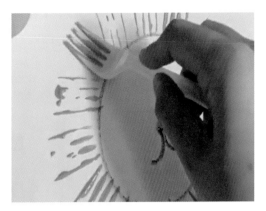

교사가 포크로 사자 갈기 찍기

유아가 교사를 모방하여 포크로 사자 갈기 찍기

유아가 포크로 사자 갈기 찍기

5~6
세

유아 스스로 포크로 사자 갈기 찍기

완성된 사자 모양

* 사진 출처: 령 트리오 재구성

150. 폼폼이로 애벌레 만들기

목표 | 폼폼이로 애벌레를 만들 수 있다.

자료 | 폼폼이, 목공 풀, 가위, 색 도화지, 눈알, 강화제

방법 ❶

- 유아가 사용할 나뭇잎은 교사가 색 도화지에 나뭇잎을 그린 후 가위로 잘라서 제시한다.

- 교사가 색 도화지에 나뭇잎을 그린 다음 잘라서 나뭇잎에 애벌레 길이만큼 목공 풀을 칠하는 시범을 보인다.

- 교사가 나뭇잎을 제시한 다음 유아에게 교사를 모방하여 나뭇잎에 애벌레 길이만큼 목공 풀을 칠해 보라고 한다.

- 수행되면 교사가 나뭇잎을 제시한 다음 유아 스스로 나뭇잎에 애벌레 길이만큼 목공 풀을 칠해 보라고 한다.

- 수행되면 교사가 나뭇잎에 칠한 선을 따라 폼폼이를 붙여 애벌레를 만드는 시범을 보인다.

- 유아에게 교사를 모방하여 나뭇잎에 칠한 선을 따라 폼폼이를 붙여 애벌레를 만들어 보라고 한다.

- 수행되면 유아 스스로 나뭇잎에 칠한 선을 따라 폼폼이를 붙여 애벌레를 만들어 보라고 한다.

- 수행되면 유아의 특성에 맞는 적절한 강화제를 제공한다.

방법 ❷

- 유아가 사용할 나뭇잎은 교사가 색 도화지에 나뭇잎을 그린 후 가위로 잘라서 제시한다.

- 교사가 색 도화지에 나뭇잎을 그린 다음 잘라서 나뭇잎에 애벌레 길이만큼 목공 풀을 칠하는 시범을 보인다.
- 교사가 나뭇잎을 제시한 다음 유아에게 교사를 모방하여 나뭇잎에 애벌레 길이만큼 목공 풀을 칠해 보라고 한다.
- 칠하지 못하면 교사가 유아의 손을 잡고 나뭇잎에 애벌레 길이만큼 목공 풀을 칠해 준다.
- 교사가 유아의 손을 잡고 나뭇잎에 애벌레 길이만큼 목공 풀을 칠해 주다가 유아에게 칠해 보라고 한다.
- 칠하지 못하면 교사가 유아의 손을 잡고 나뭇잎에 애벌레 길이만큼 목공 풀을 칠하는 동작을 반복해 준다.
- 교사가 유아의 손을 나뭇잎에 대 준 후 유아에게 애벌레 길이만큼 목공 풀을 칠해 보라고 한다.
- 수행되면 교사가 나뭇잎을 가리키며 유아에게 애벌레 길이만큼 목공 풀을 칠해 보라고 한다.
- 도움을 점차 줄여 간다.
- 수행되면 유아 스스로 나뭇잎에 애벌레 길이만큼 목공 풀을 칠해 보라고 한다.
- 수행되면 교사가 나뭇잎에 칠한 선을 따라 폼폼이를 붙여 애벌레를 만드는 시범을 보인다.
- 유아에게 교사를 모방하여 나뭇잎에 칠한 선을 따라 폼폼이를 붙여 애벌레를 만들어 보라고 한다.
- 붙이지 못하면 교사가 유아의 손을 잡고 나뭇잎에 칠한 선을 따라 폼폼이를 붙여 애벌레를 만들어 준다.
- 교사가 유아의 손을 잡고 나뭇잎에 칠한 선을 따라 폼폼이를 붙여 주다가 유아에게 붙여 애벌레를 만들어 보라고 한다.
- 붙이지 못하면 교사가 유아의 손을 잡고 나뭇잎에 칠한 선을 따라 폼폼이를 붙여 애벌레를 만드는 동작을 반복해 준다.

5~6
세

155

- 교사가 유아의 손을 나뭇잎에 칠한 선에 대 준 후 유아에게 폼폼이를 붙여 애벌레를 만들어 보라고 한다.
- 수행되면 교사가 나뭇잎에 칠한 선을 가리키며 유아에게 폼폼이를 붙여 애벌레를 만들어 보라고 한다.
- 도움을 점차 줄여 간다.
- 수행되면 유아 스스로 나뭇잎에 칠한 선을 따라 폼폼이를 붙여 애벌레를 만들어 보라고 한다.
- 수행되면 유아의 특성에 맞는 적절한 강화제를 제공한다.

☞ 유아의 상태에 따라 교사가 색 도화지에 나뭇잎을 그려 준 후 유아에게 잘라서 사용하도록 지도해도 무방하다.

폼폼이, 목공 풀, 가위, 색 도화지, 눈알

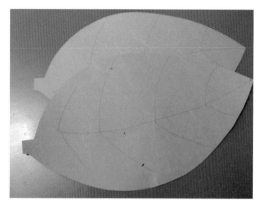

색 도화지에 나뭇잎을 그린 후 자르기

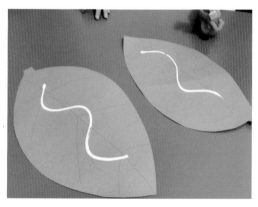

애벌레 길이만큼 목공 풀 칠하기

풀을 바른 선을 따라 폼폼이 붙이기

5~6
세

선 따라 폼폼이 붙이기

완성된 모양

* 사진 출처: 령 트리오 재구성

151 또래와 블록 쌓기 경주하기 　5~6세

목표 | 또래와 블록 쌓기 경주를 할 수 있다.
자료 | 블록, 강화제

방법 ❶

- 교사가 "시작."이라고 말한 후 다른 교사와 각자 블록을 쌓아 누가 먼저 블록을 쌓는지 경주하는 시범을 보인다.
- 교사가 "시작."이라고 말하면 유아가 교사를 모방하여 또래와 각자 블록을 쌓아 누가 먼저 블록을 쌓는지 경주해 보라고 한다.
- 수행되면 교사가 "시작."이라고 말한 후 유아 스스로 또래와 각자 블록을 쌓아 누가 먼저 블록을 쌓는지 경주해 보라고 한다.
- 수행되면 유아의 특성에 맞는 적절한 강화제를 제공한다.

방법 ❷

- 교사가 "시작."이라고 말한 후 다른 교사와 각자 블록을 쌓아 누가 먼저 쌓는지 경주하는 시범을 보인다.
- 유아에게 교사를 모방하여 교사가 "시작."이라고 말하면 또래와 각자 블록을 쌓아 누가 먼저 쌓는지 경주해 보라고 한다.
- 모방하지 못하면 교사가 "시작."이라고 말한 후 또래가 블록을 쌓을 때 교사는 유아의 손을 잡고 블록을 쌓아 누가 먼저 쌓는지 경주하게 해 준다.
- 교사가 "시작."이라고 말한 후 교사는 유아의 손을 블록에 대 준 다음 또래와 누가 먼저 블록을 쌓는지 경주해 보라고 한다.
- 하지 못하면 교사가 "시작."이라고 말한 후 또래가 블록을 쌓을 때 교사는 유아의 손을 잡고 블록을 쌓아 누가 먼저 쌓는지 경주하는 것을 반복해 준다.

- 교사가 "시작."이라고 말한 후 블록을 가리키며 유아에게 또래와 누가 먼저 쌓는지 경주해 보라고 한다.
- 수행되면 교사가 "시작."이라고 말한 후 교사는 유아에게 "○○○야 블록을 빨리 쌓아요."라고 말하면서 또래와 누가 먼저 쌓는지 경주해 보라고 한다.
- 도움을 점차 줄여 간다.
- 수행되면 교사가 "시작."이라고 말한 후 유아 스스로 또래와 각자 블록을 쌓아 누가 먼저 쌓는지 경주해 보라고 한다.
- 수행되면 유아의 특성에 맞는 적절한 강화제를 제공한다.

☞ 또래와 블록 쌓기 경주를 하기 전 교사가 유아와 함께 블록 쌓기 경주를 하면서 의도적으로 져 주어 유아에게 승리감을 느끼게 한 후 지도하면 더 효과적이다.

☞ 블록을 먼저 쌓은 사람이 자신의 블록을 쓰러뜨리게 하여 유아가 흥미를 가지고 경주를 할 수 있도록 유도하면 효과적이다.

5~6
세

여러 개의 블록 제시

교사가 다른 교사와 각각 블록 쌓기

교사가 유아의 손을 잡고 블록 쌓기

교사가 블록 가리키기

유아가 다른 유아와 각각 블록 쌓기

쌓은 블록 쓰러뜨리기

152 색 전분 마블링 판화

5~6세

목표 | 전분에 마블링 판화를 찍을 수 있다.
자료 | 다양한 색깔의 물감, 전분, 펠트지, 물, 숟가락, 컵, 통, 비커, 강화제

방법 ❶

- 교사가 여러 개의 컵에 전분을 담아 물을 넣고 숟가락으로 젓는 시범을 보인 후 유아에게 교사를 모방하여 저어 보라고 하고 수행되면 유아 스스로 저어 보라고 한다.
- 수행되면 교사가 전분 반죽을 통에 부은 다음 통에 담긴 전분 반죽에 각각 다양한 색깔의 물감을 넣고 숟가락으로 젓는 시범을 보인다.
- 교사가 전분 반죽을 통에 부어 준 후 전분 반죽에 각각 다양한 색깔의 물감을 넣어 준 다음 유아에게 숟가락으로 저어 보라고 한다.
- 수행되면 교사가 예를 들어 빨간색의 전분이 담긴 통에 비커로 다른 색을 두세 가지 붓는 시범을 보인 후 유아에게 빨간색의 전분이 담긴 통에 비커로 다른 색을 두세 가지 부어 보라고 한다.
- 수행되면 교사가 혼합된 색 위에 펠트지를 놓은 후 집어내어 마블링 판화를 찍는 시범을 보인다.
- 유아에게 교사를 모방하여 혼합된 색 위에 펠트지를 놓은 후 집어내어 마블링 판화를 찍어 보라고 하고 수행되면 유아 스스로 찍어 보라고 한다.
- 수행되면 유아의 특성에 맞는 적절한 강화제를 제공한다.

방법 ❷

- 교사가 여러 개의 컵에 전분을 담아 물을 넣고 숟가락으로 젓는 시범을 보인다.
- 교사가 여러 개의 컵에 전분을 담아 물을 넣어 준 후 유아에게 교사를 모방하여

5~6
세

숟가락으로 저어 보라고 한다.

- 젓지 못하면 교사가 유아의 손을 잡고 컵에 담긴 전분을 숟가락으로 젓게 해 준다.

- 교사가 숟가락에 유아의 손을 대 준 후 컵에 담긴 전분을 저어 보라고 한다.

- 젓지 못하면 교사가 유아의 손을 잡고 컵에 담긴 전분을 숟가락으로 젓는 동작을 반복해 준다.

- 도움을 점차 줄여 간다.

- 수행되면 유아 스스로 컵에 담긴 전분을 숟가락으로 저어 보라고 한다.

- 수행되면 교사가 전분 반죽을 통에 부은 다음 통에 담긴 전분 반죽에 각각 다양한 색깔의 물감을 넣고 숟가락으로 젓는 시범을 보인다.

- 교사가 전분 반죽을 통에 부어 준 후 전분 반죽에 각각 다양한 색깔의 물감을 넣어 준 다음 유아에게 교사를 모방하여 숟가락으로 저어 보라고 한다.

- 젓지 못하면 교사가 유아의 손을 잡고 통에 담긴 전분을 숟가락으로 젓게 해 준 후 유아 스스로 저어 보라고 한다.

- 수행되면 교사가 예를 들어 빨간색의 전분이 담긴 통에 비커로 다른 색을 두세 가지 붓는 시범을 보인다.

- 교사가 빨간색의 전분이 담긴 통을 유아에게 제시한 후 교사를 모방하여 비커로 다른 색을 두세 가지 부어 보라고 한다.

- 붓지 못하면 교사가 유아의 손을 잡고 비커에 담긴 전분을 부어 준 후 유아 스스로 부어 보라고 한다.

- 수행되면 교사가 혼합된 색 위에 펠트지를 놓는 시범을 보인다.

- 유아에게 교사를 모방하여 혼합된 색 위에 펠트지를 놓아 보라고 한다.

- 놓지 못하면 교사가 유아의 손을 잡고 혼합된 색 위에 펠트지를 놓아 준다.

- 교사가 유아의 손에 펠트지를 쥐어 준 후 유아에게 혼합된 색 위에 펠트지를 놓아 보라고 한다.

- 놓지 못하면 교사가 유아의 손을 잡고 혼합된 색 위에 펠트지를 놓아 주는 동작을 반복해 준다.

- 도움을 점차 줄여 간다.
- 수행되면 유아에게 스스로 혼합된 색 위에 펠트지를 놓아 보라고 한다.
- 수행되면 교사가 펠트지를 집어내어 마블링 판화를 찍는 시범을 보인다.
- 유아에게 교사를 모방하여 펠트지를 집어내어 마블링 판화를 찍어 보라고 한다.
- 찍지 못하면 교사가 유아의 손을 잡고 펠트지를 집어내어 마블링 판화를 찍어 준다.
- 교사가 유아의 손을 펠트지에 대 준 후 유아에게 펠트지를 집어내어 마블링 판화를 찍어 보라고 한다.
- 찍지 못하면 교사가 유아의 손을 잡고 펠트지를 집어내어 마블링 판화를 찍는 동작을 반복해 준다.
- 도움을 점차 줄여 간다.
- 수행되면 유아에게 스스로 펠트지를 집어내어 마블링 판화를 찍어 보라고 한다.
- 수행되면 유아의 특성에 맞는 적절한 강화제를 제공한다.

☞ 전분이 너무 묽으면 전분 놀이를 하기가 힘드니 전분과 물의 양(1:3 정도)을 적절하게 조정해야 한다.

전분에 물 넣기

숟가락으로 섞기

전분에 색 넣기

비커에 든 다른 색 부어 섞기

혼합된 색

혼합된 색 위에 펠트지 놓기

혼합된 색 위에 놓인 펠트지

완성된 마블링 판화

* 사진 출처: 렁 트리오 재구성

153 종이접시로 닭 만들기

목표 | 종이접시로 닭을 만들 수 있다.

자료 | 종이접시, 가위, 풀, 색종이 눈알, 강화제

방법 ❶

- 교사가 부리, 벼슬, 꼬리는 미리 잘라서 제시한다.
- 교사가 종이접시를 반으로 접어 접은 선을 눌러 주는 시범을 보인다.
- 유아에게 교사를 모방하여 종이접시를 반으로 접어 접은 선을 눌러 주라고 한다.
- 수행되면 유아 스스로 종이접시를 반으로 접어 접은 선을 눌러 주라고 한다.
- 수행되면 교사가 눈알을 붙인 후 부리를 붙이는 시범을 보인다.
- 유아에게 교사를 모방하여 눈알을 붙인 후 부리를 붙여 보라고 한다.
- 수행되면 유아 스스로 눈알을 붙인 후 부리를 붙여 보라고 한다.
- 수행되면 교사가 벼슬과 꼬리를 붙이는 시범을 보인다.
- 유아에게 교사를 모방하여 벼슬과 꼬리를 붙여 보라고 한다.
- 수행되면 유아 스스로 벼슬과 꼬리를 붙여 보라고 한다.
- 수행되면 유아의 특성에 맞는 적절한 강화제를 제공한다.

방법 ❷

- 교사가 부리, 벼슬, 꼬리는 미리 잘라서 제시한다.
- 교사가 종이접시를 반으로 접어 접은 선을 눌러 주는 시범을 보인다.
- 유아에게 교사를 모방하여 종이접시를 반으로 접어 접은 선을 눌러 주라고 한다.
- 접지 못하면 교사가 유아의 손을 잡고 종이접시를 반으로 접어 접은 선을 눌러 준다.
- 교사가 유아의 손을 잡고 종이접시를 반으로 접다가 유아에게 나머지를 접어 접은 선을 눌러 주라고 한다.

- 하지 못하면 교사가 유아의 손을 잡고 종이접시를 반으로 접어 접은 선을 눌러 주는 동작을 반복해 준다.
- 교사가 종이접시를 반으로 접는 동작을 보여 주며 유아에게 반으로 접어 접은 선을 눌러 주라고 한다.
- 도움을 점차 줄여 간다.
- 수행되면 유아 스스로 종이접시를 반으로 접어 접은 선을 눌러 주라고 한다.
- 수행되면 교사가 눈알을 붙이는 시범을 보인다.
- 유아에게 교사를 모방하여 눈알을 붙여 보라고 한다.
- 붙이지 못하면 교사가 유아의 손을 잡고 눈알을 붙여 준다.
- 교사가 유아의 손을 닭의 눈 위치에 대 준 후 유아에게 눈알을 붙여 보라고 한다.
- 붙이지 못하면 교사가 유아의 손을 잡고 눈알을 붙여 주는 동작을 반복해 준다.
- 교사가 닭의 눈 위치를 가리키며 유아에게 눈알을 붙여 보라고 한다.
- 도움을 점차 줄여 간다.
- 수행되면 유아 스스로 눈알을 붙여 보라고 한다.
- 수행되면 교사가 부리를 풀로 붙이는 시범을 보인다.
- 유아에게 교사를 모방하여 부리를 풀로 붙여 보라고 한다.
- 붙이지 못하면 교사가 눈알을 붙이는 것을 지도한 것과 같은 방법으로 지도한다.
- 수행되면 유아 스스로 부리를 풀로 붙여 보라고 한다.
- 수행되면 교사가 벼슬과 꼬리를 붙이는 것도 눈알을 붙이는 것과 같은 방법으로 지도한다.
- 수행되면 유아의 특성에 맞는 적절한 강화제를 제공한다.

☞ 눈알은 시중에서 쉽게 구할 수 있으며, 뒤에 스티커가 붙어 있어 풀을 사용하지 않고 붙일 수 있다. 유아의 상태에 따라 눈알 뒤의 스티커를 교사가 떼 주거나 유아 스스로 떼서 붙이게 하면 된다.

☞ 유아의 상태에 따라 단계를 적절하게 조정(예: 눈알과 부리 붙이는 것을 각각 분리하여 지도하거나 동시에 지도)하여 지도하도록 한다.

준비물

반으로 접기

접은 선 눌러 주기

반으로 접은 모양

눈알, 벼슬, 부리 붙이기

완성된 모양

5~6
세

* 사진 출처: 령 트리오 재구성

숫자만큼 폼폼이 붙이기 　　　　　　　　5~6세

목표 | 숫자만큼 폼폼이를 붙일 수 있다.
자료 | 애벌레 숫자 그림, 찍찍이, 폼폼이, 가위, 강화제

방법 ❶

• 교사가 가위로 동그라미 안에 붙일 찍찍이를 적당한 크기로 미리 잘라 놓는다.

• 교사가 애벌레 숫자 그림의 동그라미 안에 각각 찍찍이를 붙이는 시범을 보인다.

• 유아에게 교사를 모방하여 애벌레 숫자 그림의 동그라미 안에 각각 찍찍이를 붙여 보라고 한다.

• 수행되면 유아 스스로 애벌레 숫자 그림의 동그라미 안에 각각 찍찍이를 붙여 보라고 한다.

• 수행되면 교사가 각 찍찍이에 폼폼이를 붙이는 시범을 보인다.

• 유아에게 교사를 모방하여 각 찍찍이에 폼폼이를 붙여 보라고 한다.

• 수행되면 유아 스스로 각 찍찍이에 폼폼이를 붙여 보라고 한다.

• 수행되면 유아의 특성에 맞는 적절한 강화제를 제공한다.

방법 ❷

• 교사가 가위로 동그라미 안에 붙일 찍찍이를 적당한 크기로 미리 잘라 놓는다.

• 교사가 숫자 1이 쓰인 애벌레 그림의 동그라미 안에 찍찍이를 붙이는 시범을 보인다.

• 유아에게 교사를 모방하여 숫자 1이 쓰인 애벌레 그림의 동그라미 안에 찍찍이를 붙여 보라고 한다.

• 붙이지 못하면 교사가 유아의 손을 잡고 숫자 1이 쓰인 애벌레 그림의 동그라미 안에 찍찍이를 붙여 준다.

- 교사가 스티커를 잡은 유아의 손을 잡고 숫자 1이 쓰인 애벌레 그림의 동그라미 안에 대 준 후 유아에게 붙여 보라고 한다.
- 붙이지 못하면 교사가 유아의 손을 잡고 숫자 1이 쓰인 애벌레 그림의 동그라미 안에 찍찍이를 붙이는 동작을 반복해 준다.
- 교사가 숫자 1이 쓰인 애벌레 그림의 동그라미를 가리키며 유아에게 찍찍이를 붙여 보라고 한다.
- 도움을 점차 줄여 간다.
- 수행되면 유아 스스로 숫자 1이 쓰인 애벌레 그림의 동그라미 안에 찍찍이를 붙여 보라고 한다.
- 수행되면 교사가 숫자 2가 쓰인 애벌레 그림의 동그라미 안에 찍찍이를 붙이는 시범을 보인다.
- 유아에게 교사를 모방하여 숫자 2가 쓰인 애벌레 그림의 동그라미 안에 찍찍이를 붙여 보라고 한다.
- 붙이지 못하면 숫자 1이 쓰인 애벌레 그림의 동그라미 안에 찍찍이를 붙이는 것을 지도한 것과 같은 방법으로 지도한다.
- 수행되면 유아 스스로 숫자 2가 쓰인 애벌레 그림의 동그라미 안에 찍찍이를 붙여 보라고 한다.
- 수행되면 나머지 3~5도 숫자 1이 쓰인 애벌레 그림의 동그라미 안에 찍찍이를 붙이는 것을 지도한 것과 같은 방법으로 지도한다.
- 수행되면 유아 스스로 숫자 1~5가 쓰인 애벌레 그림의 동그라미 안에 찍찍이를 붙여 보라고 한다.
- 수행되면 교사가 숫자 1이 쓰인 동그라미 안의 찍찍이에 폼폼이를 붙이는 시범을 보인다.
- 유아에게 교사를 모방하여 숫자 1이 쓰인 동그라미 안의 찍찍이에 폼폼이를 붙여 보라고 한다.
- 붙이지 못하면 교사가 유아의 손을 잡고 숫자 1이 쓰인 동그라미 안의 찍찍이에

폼폼이를 붙여 준다.

- 교사가 폼폼이를 잡은 유아의 손을 잡고 숫자 1이 쓰인 동그라미 안의 찍찍이에 대 준 후 유아에게 붙여 보라고 한다.

- 붙이지 못하면 교사가 유아의 손을 잡고 숫자 1이 쓰인 동그라미 안의 찍찍이에 폼폼이를 붙이는 동작을 반복해 준다.

- 교사가 숫자 1이 쓰인 동그라미 안의 찍찍이를 가리키며 유아에게 폼폼이를 붙여 보라고 한다.

- 도움을 점차 줄여 간다.

- 수행되면 유아 스스로 숫자 1이 쓰인 동그라미 안의 찍찍이에 폼폼이를 붙여 보라고 한다.

- 수행되면 교사가 숫자 2가 쓰인 동그라미 안의 찍찍이에 폼폼이를 붙이는 시범을 보인다.

- 유아에게 교사를 모방하여 숫자 2가 쓰인 동그라미 안에 찍찍이에 폼폼이를 붙여 보라고 한다.

- 붙이지 못하면 숫자 1이 쓰인 동그라미 안의 찍찍이에 폼폼이를 붙이는 것을 지도한 것과 같은 방법으로 지도한다.

- 수행되면 유아 스스로 숫자 2가 쓰인 동그라미 안의 찍찍이에 폼폼이를 붙여 보라고 한다.

- 수행되면 나머지 3~5도 숫자 2가 쓰인 동그라미 안의 찍찍이에 폼폼이를 붙이는 것을 지도한 것과 같은 방법으로 지도한다.

- 수행되면 유아 스스로 1~5가 쓰인 동그라미 안의 찍찍이에 폼폼이를 붙여 보라고 한다.

- 수행되면 유아의 특성에 맞는 적절한 강화제를 제공한다.

☞ 찍찍이가 없으면 목공 풀을 사용하여도 무방하다.

☞ 애벌레 숫자 그림은 첨부되어 있으니 복사해서 활용하면 된다.

☞ 수만큼 폼폼이 붙이기는 수 개념을 지도하기에 앞서 수에 대한 흥미를 불러일으키고 자연스럽게 수와 친숙해질 수 있도록 도와주는 과정이다. 그러므로 수 개념을 인지시키는 것이 목적이 아님에 유의해야 한다. 즉, 이미 그림으로 붙일 수 있는 폼폼이가 설정되어 있으므로 이 항목이 수행되었다 할지라도 수 개념을 정확하게 인지하지 못할 수 있다.

5~6
세

1

2

3

4

5

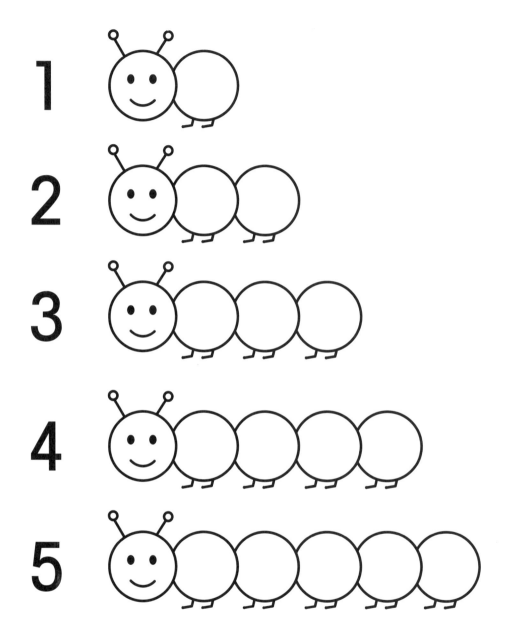

찍찍이 붙이기

동그라미에 찍찍이가 붙여진 모양

수 1에 폼폼이 붙이기

수 2에 폼폼이 붙이기

5~6
세

수 3에 폼폼이 붙이기

폼폼이 쥐기

수 4에 폼폼이 붙이기

4 붙이기 완성

수 5에 폼폼이 붙이기

5 붙이기 완성

완성된 모양

완성된 모양

* 사진 출처: 렁 트리오 재구성

155 종이접시로 사자 꾸미기 5~6세

목표 | 종이접시로 사자를 꾸밀 수 있다.

자료 | 종이접시, 가위, 물감, 붓, 눈알, sticky string(얇은 색깔 빨대), 강화제

방법 ❶

- 교사가 가위로 종이접시의 둘레(가장자리)를 따라 약 5cm씩 자르는 시범을 보인다.
- 유아에게 교사를 모방하여 종이접시의 둘레를 따라 약 5cm씩 잘라 보라고 한다.
- 수행되면 유아 스스로 종이접시의 둘레를 따라 약 5cm씩 잘라 보라고 한다.
- 수행되면 교사가 종이접시의 가장자리와 안쪽을 각각 다른 색으로 칠하는 시범을 보인다.
- 유아에게 교사를 모방하여 종이접시의 가장자리와 안쪽을 각각 다른 색으로 칠해 보라고 한다.
- 수행되면 유아 스스로 종이접시의 가장자리와 안쪽을 각각 다른 색으로 칠해 보라고 한다.
- 수행되면 교사가 양쪽 눈알을 붙인 후 사자 코에 수염을 붙이는 시범을 보인다.
- 유아에게 교사를 모방하여 양쪽 눈알을 붙인 후 사자 코에 수염을 붙여 보라고 한다.
- 수행되면 유아 스스로 양쪽 눈알을 붙인 후 사자 코에 수염을 붙여 보라고 한다.
- 수행되면 유아의 특성에 맞는 적절한 강화제를 제공한다.

방법 ❷

- 교사가 가위로 종이접시의 둘레(가장자리)를 따라 약 5cm씩 자르는 시범을 보인다.
- 유아에게 교사를 모방하여 종이접시의 둘레를 따라 약 5cm씩 잘라 보라고 한다.
- 자르지 못하면 교사가 유아의 손을 잡고 종이접시의 둘레를 따라 약 5cm씩 잘라 준다.
- 교사가 가위에 끼워진 유아의 손을 잡고 종이접시의 둘레를 따라 약 5cm씩 2/3를

5~6세

잘라 준 후 유아에게 잘라 보라고 한다.

- 자르지 못하면 교사가 유아의 손을 잡고 종이접시의 둘레를 따라 약 5cm씩 자르는 동작을 반복해 준다.
- 교사가 가위에 끼워진 유아의 손을 잡고 종이접시의 둘레를 따라 약 5cm씩 1/3을 잘라 준 후 유아에게 잘라 보라고 한다.
- 도움을 점차 줄여 간다.
- 수행되면 유아 스스로 종이접시의 둘레를 따라 약 5cm씩 잘라 보라고 한다.
- 수행되면 교사가 가장자리를 제외한 종이접시의 안쪽을 좋아하는 색으로 칠하는 시범을 보인다.
- 유아에게 교사를 모방하여 가장자리를 제외한 종이접시의 안쪽을 좋아하는 색으로 칠해 보라고 한다.
- 칠하지 못하면 교사가 유아의 손을 잡고 종이접시의 안쪽을 좋아하는 색으로 칠해 준다.
- 교사가 유아의 손을 잡고 종이접시의 안쪽을 2/3 칠해 주다가 유아에게 나머지를 칠해 보라고 한다.
- 칠하지 못하면 교사가 유아의 손을 잡고 종이접시의 안쪽을 좋아하는 색으로 칠하는 동작을 반복해 준다.
- 교사가 유아의 손을 잡고 종이접시의 안쪽을 1/3 칠해 주다가 유아에게 나머지를 칠해 보라고 한다.
- 도움을 점차 줄여 간다.
- 수행되면 유아 스스로 종이접시의 안쪽을 좋아하는 색으로 칠해 보라고 한다.
- 수행되면 교사가 5cm씩 잘린 가장자리를 좋아하는 색으로 칠하는 시범을 보인다.
- 유아에게 교사를 모방하여 5cm씩 잘린 가장자리를 좋아하는 색으로 칠해 보라고 한다.
- 칠하지 못하면 교사가 종이접시의 안쪽을 좋아하는 색으로 칠한 것과 같은 방법으로 지도한다.
- 수행되면 유아 스스로 종이접시의 안쪽을 좋아하는 색으로 칠해 보라고 한다.

- 수행되면 교사가 사자의 양쪽 눈알을 붙이는 시범을 보인다.

- 유아에게 교사를 모방하여 사자의 양쪽 눈알을 붙여 보라고 한다.

- 붙이지 못하면 교사가 종이접시의 둘레를 따라 자르는 것과 같은 방법으로 지도한다.

- 수행되면 유아 스스로 사자의 양쪽 눈알을 붙여 보라고 한다.

- 수행되면 교사가 사자 코에 수염을 붙이는 시범을 보인다.

- 유아에게 교사를 모방하여 사자 코에 수염을 붙여 보라고 한다.

- 붙이지 못하면 교사가 종이접시의 둘레를 따라 자르는 것과 같은 방법으로 지도한다.

- 수행되면 유아 스스로 사자 코에 수염을 붙여 보라고 한다.

- 수행되면 유아의 특성에 맞는 적절한 강화제를 제공한다.

☞ sticky string: 스티커처럼 붙일 수 있게 되어 있는 긴 끈을 말한다. 구할 수 없으면 가능하면 얇은 색깔 빨대나 수수깡, 색종이를 잘라서 사용해도 무방하다.

☞ 유아의 상태에 따라 미리 종이접시의 둘레(가장자리)를 따라 약 5cm씩 잘라서 제시해도 무방하다.

☞ 유아의 상태에 따라 단계를 적절하게 조정(예: 양쪽 눈알을 붙이는 것을 각각 지도하거나 동시에 지도/ 눈과 수염을 붙이는 것을 각각 지도하거나 동시에 지도)하여 지도하도록 한다.

5~6
세

준비물

접시의 가장자리 자르기

원하는 색으로 색칠하기

교사의 사자 수염 붙이는 시범

교사의 사자 수염 붙이는 시범

수염 붙이기 모방하기

스스로 수염 붙이기

완성된 사자 모습

* 사진 출처: 렁 트리오 재구성

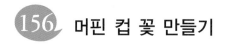

156 머핀 컵 꽃 만들기 5~6세

목표 | 머핀 컵 꽃을 만들 수 있다.

자료 | 머핀 컵, 색 도화지, 풀, 가위, 강화제

방법 ❶

- 교사가 꽃의 줄기와 잎을 미리 오려서 제시한다.
- 교사가 머핀 컵에 풀칠을 한 후 색 도화지에 붙인 다음 줄기와 잎을 붙여 꽃을 만드는 시범을 보인다.
- 유아에게 교사를 모방하여 머핀 컵에 풀칠을 한 후 색 도화지에 붙인 다음 줄기와 잎을 붙여 꽃을 만들어 보라고 한다.
- 수행되면 유아 스스로 머핀 컵에 풀칠을 한 후 색 도화지에 붙인 다음 줄기와 잎을 붙여 꽃을 만들어 보라고 한다.
- 수행되면 유아의 특성에 맞는 적절한 강화제를 제공한다.

방법 ❷

- 교사가 꽃의 줄기와 잎을 미리 오려서 제시한다.
- 교사가 머핀 컵에 풀칠을 한 후 색 도화지에 붙이는 시범을 보인다.
- 유아에게 교사를 모방하여 머핀 컵에 풀칠을 한 후 색 도화지에 붙여 보라고 한다.
- 붙이지 못하면 교사가 유아의 손을 잡고 머핀 컵에 풀칠을 한 후 색 도화지에 붙여 준다.
- 교사가 유아의 손을 잡고 머핀 컵에 풀을 대 준 후 유아에게 풀칠을 한 다음 색 도화지에 붙여 보라고 한다.
- 붙이지 못하면 교사가 유아의 손을 잡고 머핀 컵에 풀칠을 한 후 색 도화지에 붙이는 동작을 반복해 준다.
- 교사가 유아의 손에 머핀 컵을 쥐어 준 후 유아에게 풀칠을 한 다음 색 도화지에

붙여 보라고 한다.

- 도움을 점차 줄여 간다.
- 수행되면 유아 스스로 머핀 컵에 풀칠을 한 후 색 도화지에 붙여 보라고 한다.
- 수행되면 교사가 줄기와 잎에 각각 풀칠을 한 후 머핀 컵 아래에 붙이는 시범을 보인다.
- 유아에게 교사를 모방하여 줄기와 잎에 각각 풀칠을 한 후 머핀 컵 아래에 붙여 보라고 한다.
- 붙이지 못하면 교사가 줄기와 잎에 각각 풀칠을 해 준 후 유아에게 머핀 컵 아래에 붙여 보라고 한다.
- 붙이지 못하면 교사가 줄기와 잎에 각각 풀칠을 해 준 후 유아의 손을 잡고 머핀 컵 아래에 붙여 준다.
- 붙이지 못하면 교사가 줄기와 잎에 각각 풀칠을 해 준 후 유아의 손을 잡고 머핀 컵 아래에 붙이는 동작을 반복해 준다.
- 수행되면 교사가 유아의 손을 잡고 줄기와 잎에 각각 풀칠을 한 후 머핀 컵 아래에 붙여 준다.
- 교사가 유아의 손을 잡고 줄기와 잎에 각각 풀칠을 한 후 유아에게 머핀 컵 아래에 붙여 보라고 한다.
- 도움을 점차 줄여 간다.
- 수행되면 유아 스스로 줄기와 잎에 각각 풀칠을 한 후 머핀 컵 아래에 붙여 보라고 한다.
- 수행되면 유아의 특성에 맞는 적절한 강화제를 제공한다.

☞ 머핀 컵 꽃 만들기가 수행되면 교사가 꽃 아래에 꽃병을 그려 주어 스탬프 찍기 놀이를 하거나 색칠을 하게 지도해도 효과적이다.

☞ 색 도화지에 머핀 컵을 붙인 후 머핀 컵 안에 색연필로 색칠을 하도록 지도해도 효과적이다.

☞ 머핀 컵과 대비되는 색 도화지(예: 머핀 컵-빨강, 노랑 / 색 도화지-검정)를 이용하면 훨씬 유아들의 흥미를 끌 수 있다.

준비물

머핀 컵에 풀칠하기

머핀 컵에 풀칠하기

색 도화지에 머핀 컵 붙이기

꽃 줄기에 풀칠하기

머핀 컵에 꽃 줄기 붙이기

교사가 꽃병 그려 주기

그려 준 꽃병에 스탬프 찍기

그려 준 꽃병에 스탬프 찍기

색연필로 머핀 꽃 안에 색칠하기

색칠된 머핀 꽃 모양

완성된 머핀 꽃

* 사진 출처: 령 트리오 재구성

펭귄 만들기

목표 │ 종이접시로 펭귄을 만들 수 있다.
자료 │ 종이접시, 검은색 물감, 붓, 가위, 풀, 색종이, 눈알, 강화제

방법 ❶

- 교사가 종이접시의 양쪽을 안으로 각각 접은 후 접힌 윗부분을 사진처럼 아래 방향으로 양쪽이 맞닿는 부분까지 접는 시범을 보인다.
- 유아에게 교사를 모방하여 종이접시의 양쪽을 안으로 각각 접은 후 접힌 윗부분을 아래 방향으로 양쪽이 맞닿는 부분까지 접어 보라고 한다.
- 수행되면 유아 스스로 종이접시의 양쪽을 안으로 각각 접은 후 접힌 윗부분을 아래 방향으로 양쪽이 맞닿는 부분까지 접어 보라고 한다.
- 수행되면 교사가 접혀 있는 각 부분에 검은색 물감을 칠하는 시범을 보인다.
- 유아에게 교사를 모방하여 접혀 있는 각 부분에 검은색 물감을 칠해 보라고 한다.
- 수행되면 유아 스스로 접혀 있는 각 부분에 검은색 물감을 칠해 보라고 한다.
- 수행되면 교사가 종이접시의 아랫부분에 펭귄 발을 양쪽으로 붙이는 시범을 보인다.
- 유아에게 교사를 모방하여 종이접시의 아랫부분에 펭귄 발을 양쪽으로 붙여 보라고 한다.
- 수행되면 유아 스스로 종이접시의 아랫부분에 펭귄 발을 양쪽으로 붙여 보라고 한다.
- 수행되면 교사가 종이접시의 양쪽이 모아진 윗부분을 접은 곳에 눈알을 붙인 후 눈알 밑에 부리를 붙이는 시범을 보인다.
- 유아에게 교사를 모방하여 종이접시의 양쪽이 모아진 윗부분을 접은 곳에 양쪽 눈알을 붙인 후 눈알 밑에 부리를 붙여 보라고 한다.
- 수행되면 유아 스스로 종이접시의 양쪽이 모아진 윗부분을 접은 곳에 양쪽 눈알을 붙인 후 눈알 밑에 부리를 붙여 보라고 한다.
- 수행되면 유아의 특성에 맞는 적절한 강화제를 제공한다.

방법 ❷

- 교사가 종이접시의 양쪽을 안으로 각각 접는 시범을 보인다.
- 유아에게 교사를 모방하여 종이접시의 양쪽을 안으로 각각 접어 보라고 한다.
- 접지 못하면 교사가 유아의 손을 잡고 종이접시의 양쪽을 각각 접어 준다.
- 교사가 종이접시의 한쪽(예: 오른쪽)을 접어 준 후 유아에게 나머지 한쪽을 접어 보라고 한다.
- 접지 못하면 교사가 유아의 손을 잡고 종이접시의 양쪽을 각각 접는 동작을 반복해 준다.
- 교사가 예를 들어 유아의 손을 종이접시의 오른쪽에 대 준 후 유아에게 양쪽을 각각 접어 보라고 한다.
- 도움을 점차 줄여 간다.
- 수행되면 유아 스스로 종이접시의 양쪽을 안으로 각각 접어 보라고 한다.
- 수행되면 교사가 접힌 윗부분을 사진처럼 아래 방향으로 양쪽이 맞닿는 부분까지 접는 시범을 보인다.
- 유아에게 교사를 모방하여 접힌 윗부분을 아래 방향으로 양쪽이 맞닿는 부분까지 접어 보라고 한다.
- 접지 못하면 종이접시의 양쪽을 안으로 접는 것과 같은 방법으로 지도한다.
- 수행되면 유아 스스로 접힌 윗부분을 아래 방향으로 양쪽이 맞닿는 부분까지 접어 보라고 한다.
- 수행되면 교사가 접혀 있는 각 부분에 검은색 물감을 칠하는 시범을 보인다.
- 유아에게 교사를 모방하여 접혀 있는 각 부분에 검은색 물감을 칠해 보라고 한다.
- 칠하지 못하면 교사가 종이접시의 양쪽을 안으로 접는 것과 같은 방법으로 지도한다.
- 수행되면 유아 스스로 접혀 있는 각 부분에 검은색 물감을 칠해 보라고 한다.
- 수행되면 교사가 종이접시의 아랫부분에 펭귄 발을 양쪽으로 붙이는 시범을 보인다.
- 유아에게 교사를 모방하여 종이접시의 아랫부분에 펭귄 발을 양쪽으로 붙여 보라고 한다.

5~6
세

- 붙이지 못하면 교사가 종이접시의 양쪽을 안으로 접는 것과 같은 방법으로 지도한다.
- 수행되면 유아 스스로 종이접시의 아랫부분에 펭귄 발을 양쪽으로 붙여 보라고 한다.
- 수행되면 교사가 종이접시의 양쪽이 모아진 윗부분을 접은 곳에 양쪽 눈알을 붙이는 시범을 보인다.
- 유아에게 교사를 모방하여 종이접시의 양쪽이 모아진 윗부분을 접은 곳에 양쪽 눈알을 붙여 보라고 한다.
- 붙이지 못하면 교사가 종이접시의 양쪽을 안으로 접는 것과 같은 방법으로 지도한다.
- 수행되면 유아 스스로 종이접시의 양쪽이 모아진 윗부분을 접은 곳에 양쪽 눈알을 붙여 보라고 한다.
- 수행되면 교사가 양쪽 눈알 밑에 부리를 붙이는 시범을 보인다.
- 유아에게 교사를 모방하여 양쪽 눈알 밑에 부리를 붙여 보라고 한다.
- 붙이지 못하면 교사가 종이접시의 양쪽을 안으로 접는 것과 같은 방법으로 지도한다.
- 수행되면 유아 스스로 양쪽 눈알 밑에 부리를 붙여 보라고 한다.
- 수행되면 유아의 특성에 맞는 적절한 강화제를 제공한다.

☞ 유아의 상태에 따라 단계를 적절하게 조정(예: 양쪽 발을 붙이는 것을 동시에 지도하거나 각각 분리하여 지도)하여 지도하도록 한다.

준비물

종이접시 양쪽을 안으로 접기

양쪽이 모아진 윗부분 접기

접힌 모양

접힌 부분에 검은색 물감 칠하기

펭귄 발 붙여 주기

눈 붙이기

물감 칠하기

물감 칠하기

왼쪽 눈알 붙이기

오른쪽 눈알 붙이기

부리 붙이기

완성된 펭귄

완성된 펭귄

* 사진 출처: 렁 트리오 재구성

또래와 경주하기

목표 | 또래와 경주를 할 수 있다.

자료 | 탁구공, 일회용 접시, 반환점 표시 용품, 강화제

방법 ❶

- 교사가 미리 반환점을 표시해 놓은 후 유아들을 두 줄로 세운다.
- 교사가 예를 들어 다른 교사와 탁구공이 담긴 접시를 들고 누가 먼저 반환점을 돌아오는지 경주하는 시범을 보인다.
- 유아에게 교사를 모방하여 또래와 탁구공이 담긴 접시를 들고 누가 먼저 반환점을 돌아오는지 경주해 보라고 한다.
- 수행되면 유아 스스로 또래와 탁구공이 담긴 접시를 들고 누가 먼저 반환점을 돌아오는지 경주해 보라고 한다.
- 수행되면 유아의 특성에 맞는 적절한 강화제를 제공한다.

방법 ❷

- 교사가 미리 반환점을 표시해 놓은 후 유아들을 두 줄로 세운다.
- 교사가 예를 들어 다른 교사와 탁구공이 담긴 접시를 들고 누가 먼저 반환점을 돌아오는지 경주하는 시범을 보인다.
- 유아에게 교사를 모방하여 또래와 탁구공이 담긴 접시를 들고 누가 먼저 반환점을 돌아오는지 경주해 보라고 한다.
- 모방하지 못하면 교사가 유아에게 탁구공이 담긴 접시를 들고 또래와 함께 출발점에 서게 한 다음 유아의 손을 잡고 누가 먼저 반환점을 돌아오는지 경주하게 해 준다.
- 교사가 유아에게 탁구공이 담긴 접시를 들고 또래와 함께 출발점에 서게 한 다음

반환점을 가리키며 또래와 누가 먼저 반환점을 돌아오는지 경주해 보라고 한다.

- 하지 못하면 교사가 유아에게 탁구공이 담긴 접시를 들고 또래와 함께 출발점에 서게 한 다음 유아의 손을 잡고 누가 먼저 반환점을 돌아오는지 경주하는 동작을 반복해 준다.

- 수행되면 교사가 유아에게 탁구공이 담긴 접시를 들고 또래와 함께 출발점에 서게 한 다음 유아가 달릴 때 옆에서 같이 달리며 누가 먼저 반환점을 돌아오는지 경주해 보라고 한다.

- 수행되면 교사가 유아에게 탁구공이 담긴 접시를 들고 또래와 함께 출발점에 서게 한 다음 유아가 달릴 때 "빨리 달려가서 돌아와."라고 말하면서 누가 먼저 반환점을 돌아오는지 경주해 보라고 한다.

- 도움을 점차 줄여 간다.

- 수행되면 유아 스스로 또래와 탁구공이 담긴 접시를 들고 누가 먼저 반환점을 돌아오는지 경주해 보라고 한다.

- 수행되면 유아의 특성에 맞는 적절한 강화제를 제공한다.

방법 ❸

- 교사가 미리 반환점을 표시해 놓은 후 유아들을 두 줄로 세운다.

- 교사가 예를 들어 다른 교사와 탁구공이 담긴 접시를 들고 누가 먼저 반환점을 돌아오는지 경주하는 시범을 보인다.

- 유아에게 교사를 모방하여 또래와 탁구공이 담긴 접시를 들고 누가 먼저 반환점을 돌아오는지 경주해 보라고 한다.

- 모방하지 못하면 교사가 유아에게 탁구공이 담긴 접시를 들고 또래와 함께 출발점에 서게 한 다음 유아의 손을 잡고 누가 먼저 반환점을 돌아오는지 경주하게 해 준다.

- 교사가 유아에게 탁구공이 담긴 접시를 들고 또래와 함께 출발점에 서게 한 다음 유아의 손을 잡고 반환점의 3/4까지 달려 주다가 나머지는 유아 스스로 달려 누

가 먼저 반환점을 돌아오는지 경주해 보라고 한다.

- 하지 못하면 교사가 유아에게 탁구공이 담긴 접시를 들고 또래와 함께 출발점에 서게 한 다음 유아의 손을 잡고 누가 먼저 반환점을 돌아오는지 경주하는 동작을 반복해 준다.

- 수행되면 교사가 유아에게 탁구공이 담긴 접시를 들고 또래와 함께 출발점에 서게 한 다음 유아의 손을 잡고 반환점의 2/4까지 달려 주다가 나머지는 유아 스스로 달려 누가 먼저 반환점을 돌아오는지 경주해 보라고 한다.

- 수행되면 교사가 유아에게 탁구공이 담긴 접시를 들고 또래와 함께 출발점에 서게 한 다음 유아의 손을 잡고 반환점의 1/4까지 달려 주다가 나머지는 유아 스스로 달려 누가 먼저 반환점을 돌아오는지 경주해 보라고 한다.

- 수행되면 교사가 유아에게 탁구공이 담긴 접시를 들고 또래와 함께 출발점에 서게 한 다음 유아 옆에서 같이 달리며 누가 먼저 반환점을 돌아오는지 경주해 보라고 한다.

- 수행되면 교사가 유아에게 탁구공이 담긴 접시를 들고 또래와 함께 출발점에 서게 한 다음 유아가 달릴 때 "빨리 달려가서 돌아와."라고 말해 주면서 누가 먼저 반환점을 돌아오는지 경주해 보라고 한다.

- 도움을 점차 줄여 간다.

- 수행되면 유아 스스로 탁구공이 담긴 접시를 들고 또래와 함께 출발점에 서게 한 다음 누가 먼저 반환점을 돌아오는지 경주해 보라고 한다.

- 수행되면 다른 경주도 탁구공이 담긴 접시를 들고 반환점을 돌아오는 경주를 지도한 것과 같은 방법으로 지도한다.

- 수행되면 유아의 특성에 맞는 적절한 강화제를 제공한다.

포크로 고슴도치 그리기

목표 | 포크로 고슴도치를 그릴 수 있다.

자료 | 포크, 도화지, 물감, 물, 붓, 접시, 색종이, 눈알, 다양한 스티커, 가위, 풀, 강화제

방법 ❶

- 교사가 각 접시에 각각 다른 색깔의 물감을 푼 후 포크를 올려놓는다.
- 교사가 포크로 물감을 찍어 고슴도치를 그리는 시범을 보인다.
- 유아에게 교사를 모방하여 포크로 물감을 찍어 고슴도치를 그려 보라고 한다.
- 수행되면 유아 스스로 포크로 물감을 찍어 고슴도치를 그려 보라고 한다.
- 수행되면 교사가 완성된 고슴도치의 눈에 눈알을 붙이는 시범을 보인다.
- 유아에게 교사를 모방하여 완성된 고슴도치의 눈에 눈알을 붙여 보라고 한다.
- 수행되면 유아 스스로 완성된 고슴도치의 눈에 눈알을 붙여 보라고 한다.
- 수행되면 유아의 특성에 맞는 적절한 강화제를 제공한다.

방법 ❷

- 교사가 각 접시에 각각 다른 색깔의 물감을 푼 후 포크를 올려놓는다.
- 교사가 포크로 물감을 찍어 고슴도치의 첫 번째 털을 그리는 시범을 보인다.
- 유아에게 교사를 모방하여 포크로 물감을 찍어 고슴도치의 첫 번째 털을 그려 보라고 한다.
- 그리지 못하면 교사가 유아의 손을 잡고 포크로 물감을 찍어 고슴도치의 첫 번째 털을 그려 준다.
- 교사가 유아의 손을 잡고 포크로 물감을 찍어 고슴도치의 첫 번째 털을 1/2 정도 그려 준 후 유아에게 나머지를 그려 보라고 한다.
- 그리지 못하면 교사가 유아의 손을 잡고 포크로 물감을 찍어 고슴도치의 첫 번째

털을 그려 주는 동작을 반복해 준다.

- 교사가 유아의 손을 잡고 포크로 물감을 찍어 준 후 유아에게 고슴도치의 첫 번째 털을 그려 보라고 한다.
- 도움을 점차 줄여 간다.
- 수행되면 유아 스스로 고슴도치의 첫 번째 털을 그려 보라고 한다.
- 수행되면 교사가 포크로 물감을 찍어 고슴도치의 두 번째 털을 그리는 시범을 보인다.
- 유아에게 교사를 모방하여 포크로 물감을 찍어 고슴도치의 두 번째 털을 그려 보라고 한다.
- 그리지 못하면 교사가 고슴도치의 첫 번째 털을 그리는 것을 지도한 것과 같은 방법으로 지도한다.
- 수행되면 유아 스스로 고슴도치의 두 번째 털을 그려 보라고 한다.
- 수행되면 교사가 포크로 물감을 찍어 고슴도치의 세 번째 털을 그리는 시범을 보인다.
- 유아에게 교사를 모방하여 포크로 물감을 찍어 고슴도치의 세 번째 털을 그려 보라고 한다.
- 그리지 못하면 교사가 고슴도치의 첫 번째 털을 그리는 것을 지도한 것과 같은 방법으로 지도한다.
- 수행되면 교사가 완성된 고슴도치의 눈에 눈알을 붙이는 시범을 보인다.
- 유아에게 교사를 모방하여 완성된 고슴도치의 눈에 눈알을 붙여 보라고 한다.
- 붙이지 못하면 교사가 유아의 손을 잡고 고슴도치의 눈에 눈알을 붙여 준다.
- 교사가 유아의 손을 잡아 고슴도치의 눈에 대 준 후 유아에게 눈알을 붙여 보라고 한다.
- 붙이지 못하면 교사가 유아의 손을 잡고 고슴도치의 눈에 눈알을 붙여 주는 동작을 반복해 준다.
- 수행되면 교사가 고슴도치의 눈을 가리키며 유아에게 눈알을 붙여 보라고 한다.

- 도움을 점차 줄여 간다.
- 수행되면 유아 스스로 완성된 고슴도치의 눈에 눈알을 붙여 보라고 한다.
- 수행되면 유아의 특성에 맞는 적절한 강화제를 제공한다.

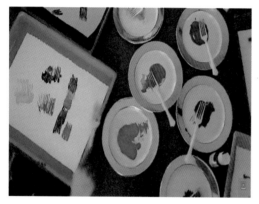

접시에 각각의 물감과 포크 준비

교사가 고슴도치 도안 제시

교사가 고슴도치 털 표현 시범 보이기

교사가 고슴도치 털 표현 시범 보이기

교사가 고슴도치 털 표현 시범 보이기

유아가 고슴도치 털 표현하기

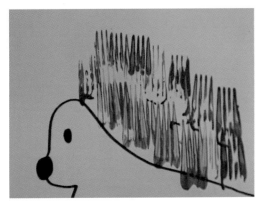

유아가 고슴도치 털 표현하기

유아가 고슴도치 털 표현하기

5～6
세

완성된 고슴도치

* 사진 출처: 렁 트리오 재구성

160 포도에 이쑤시개 끼워 모양 만들기 1

목표 | 포도에 이쑤시개를 끼워 모양을 만들 수 있다.

자료 | 포도, 이쑤시개, 강화제

방법 ❶

- 교사가 이쑤시개로 포도를 연결하여 긴 네모를 만드는 시범을 보인다.
- 유아에게 교사를 모방하여 이쑤시개로 포도를 연결하여 긴 네모를 만들어 보라고 한다.
- 수행되면 유아 스스로 이쑤시개로 포도를 연결하여 긴 네모를 만들어 보라고 한다.
- 수행되면 교사가 이쑤시개로 포도를 연결하여 네모와 세모를 만들어 집을 완성하는 시범을 보인다.
- 유아에게 교사를 모방하여 이쑤시개로 포도를 연결하여 네모와 세모를 만들어 집을 완성해 보라고 한다.
- 수행되면 유아 스스로 이쑤시개로 포도를 연결하여 네모와 세모를 만들어 집을 완성해 보라고 한다.
- 수행되면 유아의 특성에 맞는 적절한 강화제를 제공한다.

방법 ❷

- 교사가 이쑤시개로 포도를 연결하여 긴 네모를 만드는 시범을 보인다.
- 유아에게 교사를 모방하여 이쑤시개로 포도를 연결하여 긴 네모를 만들어 보라고 한다.
- 만들지 못하면 교사가 유아의 손을 잡고 이쑤시개로 포도를 연결하여 긴 네모를 만들어 준다.
- 교사가 이쑤시개를 잡은 유아의 손을 포도에 대 준 후 포도를 연결하여 긴 네모를

만들어 보라고 한다.

- 만들지 못하면 교사가 유아의 손을 잡고 이쑤시개로 포도를 연결하여 긴 네모를 만드는 동작을 반복해 준다.
- 교사가 포도를 가리키며 유아에게 이쑤시개로 포도를 연결하여 긴 네모를 만들어 보라고 한다.
- 도움을 점차 줄여 간다.
- 수행되면 유아 스스로 이쑤시개로 포도를 연결하여 긴 네모를 만들어 보라고 한다.
- 수행되면 교사가 이쑤시개로 포도를 연결하여 집을 만들기 위해 네모를 만드는 시범을 보인다.
- 유아에게 교사를 모방하여 이쑤시개로 포도를 연결하여 네모를 만들어 보라고 한다.
- 만들지 못하면 교사가 유아의 손을 잡고 이쑤시개로 포도를 연결하여 네모를 만들어 준다.
- 교사가 이쑤시개를 잡은 유아의 손을 포도에 대 준 후 포도를 연결하여 네모를 만들어 보라고 한다.
- 만들지 못하면 교사가 유아의 손을 잡고 이쑤시개로 포도를 연결하여 네모를 만드는 동작을 반복해 준다.
- 교사가 포도를 가리키며 유아에게 이쑤시개로 포도를 연결하여 네모를 만들어 보라고 한다.
- 도움을 점차 줄여 간다.
- 수행되면 유아 스스로 이쑤시개로 포도를 연결하여 네모를 만들어 보라고 한다.
- 수행되면 교사가 이쑤시개로 포도를 연결하여 집을 만들기 위해 세모를 만드는 시범을 보인다.
- 유아에게 교사를 모방하여 이쑤시개로 포도를 연결하여 세모를 만들어 보라고 한다.

- 만들지 못하면 이쑤시개로 포도를 연결하여 네모를 만드는 것을 지도한 것과 같은 방법으로 지도한다.
- 수행되면 교사가 포도를 연결하여 만들어진 네모와 세모로 집을 만드는 시범을 보인다.
- 유아에게 교사를 모방하여 포도를 연결하여 만들어진 네모와 세모로 집을 만들어 보라고 한다.
- 만들지 못하면 이쑤시개로 포도를 연결하여 네모를 만드는 것을 지도한 것과 같은 방법으로 지도한다.
- 수행되면 유아 스스로 포도를 연결하여 만들어진 네모와 세모로 집을 만들어 보라고 한다.
- 수행되면 유아의 특성에 맞는 적절한 강화제를 제공한다.

☞ 유아의 특성에 따라 처음에는 포도에 이쑤시개를 끼우는 연습을 반복하여 지도한 후 모양을 만들도록 하면 쉽게 수행이 가능할 수 있다.

☞ 아동의 특성에 따라 예를 들어 이쑤시개로 포도를 연결하여 네모를 만드는 경우 포도 하나 연결하기, 수행되면 두 개 연결하기, 수행되면 세 개 연결하기, 수행되면 네 개 연결하여 네모 만들기로 세분화하여 지도하면 된다.

포도에 이쑤시개 찌르기

이쑤시개로 포도 계속 연결하기

포도 연결하여 긴 네모 만들기

긴 네모가 완성된 모양

5~6
세

완성된 긴 네모에 위로 이어 보기

이쑤시개 모두 다시 빼기

포도에 이쑤시개 끼우기

네모 만들기

완성된 네모

세모 만들기

완성된 세모

집 완성

* 사진 출처: 령 트리오 재구성

161 종이컵을 빨대로 불어서 떨어뜨리기　5~6세

목표 | 종이컵을 빨대로 불어서 떨어뜨릴 수 있다.

자료 | 매직, 종이컵 여러 개, 빨대, 강화제

방법 ❶

- 교사가 종이컵에 그림을 그리는 시범을 보인다.
- 유아에게 종이컵에 마음대로 그림을 그려 보라고 한다.
- 수행되면 교사가 책상(탁자)에 종이컵을 일렬로 세워 놓고 종이컵을 빨대로 불어서 책상 밑으로 떨어뜨리는 시범을 보인다.
- 교사가 책상에 종이컵을 일렬로 세워 놓은 후 유아에게 교사를 모방하여 종이컵을 빨대로 불어서 책상 밑으로 떨어뜨려 보라고 한다.
- 수행되면 교사가 책상(탁자)에 종이컵을 일렬로 세워 놓은 후 유아 스스로 종이컵을 빨대로 불어서 책상 밑으로 떨어뜨려 보라고 한다.
- 수행되면 유아의 특성에 맞는 적절한 강화제를 제공한다.

방법 ❷

- 교사가 종이컵에 그림을 그리는 시범을 보인다.
- 유아에게 종이컵에 마음대로 그림을 그려 보라고 한다.
- 수행되면 교사가 책상(탁자)에 종이컵을 일렬로 세워 놓고 종이컵을 빨대로 불어서 책상 밑으로 떨어뜨리는 시범을 보인다.
- 교사가 책상에 종이컵을 일렬로 세워 놓은 후 유아에게 교사를 모방하여 종이컵을 빨대로 불어서 책상 밑으로 떨어뜨려 보라고 한다.
- 떨어뜨리지 못하면 교사가 책상에 종이컵을 일렬로 세워 놓은 후 유아와 함께 종이컵을 빨대로 불어서 책상 밑으로 떨어뜨려 준다.

- 교사가 종이컵을 일렬로 세워 놓은 후 유아와 함께 종이컵을 빨대로 불어 움직이게 해 주다가 유아에게 빨대로 불어 책상 밑으로 떨어뜨려 보라고 한다.
- 떨어뜨리지 못하면 교사가 책상에 종이컵을 일렬로 세워 놓은 후 유아와 함께 종이컵을 빨대로 불어서 책상 밑으로 떨어뜨리는 동작을 반복해 준다.
- 교사가 유아가 물고 있는 빨대 앞에 종이컵을 놓아 준 후 유아에게 종이컵을 빨대로 불어서 책상 밑으로 떨어뜨려 보라고 한다.
- 도움을 점차 줄여 간다.
- 수행되면 교사가 책상에 종이컵을 일렬로 세워 놓은 후 유아 스스로 종이컵을 빨대로 불어서 책상 밑으로 떨어뜨려 보라고 한다.
- 수행되면 유아의 특성에 맞는 적절한 강화제를 제공한다.

종이컵에 그림 그리기

종이컵에 그림 그리기

완성된 종이컵

종이컵 빨대로 불기

종이컵 빨대로 불기

종이컵 빨대로 불어 떨어뜨리기

5~6
세

입으로 종이컵 불기

입으로 종이컵 불기

* 사진 출처: 렁 트리오 재구성

162 고무줄 스트링 아트

목표 | 고무줄로 스트링 아트를 할 수 있다.

자료 | 압정, 고무줄, 재활용 박스, 강화제

방법 ❶

- 교사가 빈 박스(예: 시리얼 빈 박스)에 압정을 꽂은 후 고무줄로 압정과 압정 사이를 연결하여 다양한 모양을 만드는 시범을 보인다.
- 유아에게 교사를 모방하여 빈 박스에 압정을 꽂은 후 고무줄로 압정과 압정 사이를 연결하여 다양한 모양을 만들어 보라고 한다.
- 수행되면 유아 스스로 빈 박스에 압정을 꽂은 후 고무줄로 압정과 압정 사이를 연결하여 다양한 모양을 만들어 보라고 한다.
- 수행되면 유아의 특성에 맞는 적절한 강화제를 제공한다.

방법 ❷

- 교사가 빈 박스(예: 시리얼 빈 박스)에 압정을 꽂는 시범을 보인다.
- 유아에게 교사를 모방하여 빈 박스에 압정을 꽂아 보라고 한다.
- 꽂지 못하면 교사가 유아의 손을 잡고 빈 박스에 압정을 꽂아 준다.
- 교사가 유아의 손을 잡고 빈 박스에 압정을 꽂아 주다가 유아에게 꽂아 보라고 한다.
- 꽂지 못하면 교사가 유아의 손을 잡고 빈 박스에 압정을 꽂는 동작을 반복해 준다.
- 도움을 점차 줄여 간다.
- 수행되면 유아 스스로 빈 박스에 압정을 꽂아 보라고 한다.
- 수행되면 교사가 고무줄로 압정과 압정 사이를 연결하여 다양한 모양을 만드는

시범을 보인다.

- 유아에게 교사를 모방하여 고무줄로 압정과 압정 사이를 연결하여 다양한 모양을 만들어 보라고 한다.
- 만들지 못하면 교사가 유아의 손을 잡고 압정과 압정 사이를 연결하여 다양한 모양을 만들어 준다.
- 교사가 유아의 손을 잡고 압정과 압정 사이를 연결하여 다양한 모양을 만들어 주다가 유아에게 만들어 보라고 한다.
- 만들지 못하면 교사가 유아의 손을 잡고 압정과 압정 사이를 연결하여 다양한 모양을 만드는 동작을 반복해 준다.
- 도움을 점차 줄여 간다.
- 수행되면 유아 스스로 고무줄로 압정과 압정 사이를 연결하여 다양한 모양을 만들어 보라고 한다.
- 수행되면 유아의 특성에 맞는 적절한 강화제를 제공한다.

☞ 박스는 단단한 것으로 준비해야 한다.

☞ 박스에 유아가 좋아하는 그림을 붙여 주거나 유아와 함께 그려 붙여도 효과적이다.

☞ 유아가 모양을 만드는 것을 어려워하면 교사가 간단한 모양에서 좀 더 복잡한 모양까지 여러 형태의 모양을 만들어 제시한 후 유아가 모양을 보면서 하도록 해도 무방하다.

☞ 유아의 상태에 따라 교사가 미리 압정을 꽂아 주어도 무방하다.

5~6
세

박스와 압정 고무줄

박스에 압정 꽂기

압정과 압정을 고무줄로 연결하기

압정과 압정을 고무줄로 연결하기

완성되어 가는 모습

고무줄 스트링 아트 완성

* 사진 출처: 렁 트리오 재구성

종이꽃 화분 만들기

목표 | 종이꽃 화분을 만들 수 있다.

자료 | 다양한 색 도화지, 가위, 풀, 테이프, 강화제

방법 ❶

- 교사가 녹색 도화지를 반으로 접어서 벌어지는 부분을 테이프로 붙이는 시범을 보인다.
- 유아에게 교사를 모방하여 녹색 도화지를 반으로 접으라고 한 후 벌어지는 부분은 교사가 테이프로 붙여 준다.
- 수행되면 유아 스스로 녹색 도화지를 반으로 접으라고 한 후 벌어지는 부분은 교사가 테이프로 붙여 준다.
- 수행되면 교사가 접은 도화지를 일정한 간격으로 자르는 시범을 보인다.
- 유아에게 교사를 모방하여 접은 도화지를 일정한 간격으로 잘라 보라고 한다.
- 수행되면 유아 스스로 접은 도화지를 일정한 간격으로 잘라 보라고 한다.
- 수행되면 교사가 색종이로 꽃 모양과 동그라미를 오려 동그라미를 꽃 모양에 풀로 붙이는 시범을 보인다.
- 유아에게 교사를 모방하여 색종이로 꽃 모양과 동그라미를 오려 동그라미를 꽃 모양에 풀로 붙여 보라고 한다.
- 수행되면 유아 스스로 색종이로 꽃 모양과 동그라미를 오려 동그라미를 꽃 모양에 풀로 붙여 보라고 한다.
- 수행되면 교사가 자른 녹색 도화지를 말아서 테이프로 붙인 후 자른 부분을 아래로 내려 줄기를 만드는 시범을 보인다.
- 유아에게 교사를 모방하여 자른 녹색 도화지를 말아서 테이프로 붙인 후 자른 부분을 아래로 내려 줄기를 만들어 보라고 한다.

- 수행되면 유아 스스로 자른 녹색 도화지를 말아서 테이프로 붙인 후 자른 부분을 아래로 내려 줄기를 만들어 보라고 한다.
- 수행되면 교사가 줄기에 꽃을 붙여 종이화분을 완성하는 시범을 보인다.
- 유아에게 교사를 모방하여 줄기에 꽃을 붙여 종이화분을 완성해 보라고 한다.
- 수행되면 유아 스스로 줄기에 꽃을 붙여 종이화분을 완성해 보라고 한다.
- 수행되면 유아의 특성에 맞는 적절한 강화제를 제공한다.

방법 ❷
- 교사가 녹색 도화지를 반으로 접어서 벌어지는 부분을 테이프로 붙이는 시범을 보인다.
- 유아에게 교사를 모방하여 녹색 도화지를 반으로 접으라고 한 후 벌어지는 부분은 교사가 테이프로 붙여 준다.
- 수행되면 유아 스스로 녹색 도화지를 반으로 접으라고 한 후 벌어지는 부분은 교사가 테이프로 붙여 준다.
- 수행되면 교사가 접은 도화지를 일정한 간격으로 자르는 시범을 보인다.
- 유아에게 교사를 모방하여 접은 도화지를 일정한 간격으로 잘라 보라고 한다.
- 자르지 못하면 교사가 유아의 손을 잡고 접은 도화지를 일정한 간격으로 잘라 준다.
- 교사가 유아의 손을 잡고 접은 도화지를 일정한 간격으로 잘라 주다가 유아에게 잘라 보라고 한다.
- 자르지 못하면 교사가 유아의 손을 잡고 접은 도화지를 일정한 간격으로 자르는 동작을 반복해 준다.
- 교사가 유아의 손을 잡고 접은 도화지에 대 준 후 유아에게 잘라 보라고 한다.
- 도움을 점차 줄여 간다.
- 수행되면 유아 스스로 접은 도화지를 일정한 간격으로 잘라 보라고 한다.
- 수행되면 교사가 색 도화지로 꽃 모양을 오리는 시범을 보인다.
- 유아에게 교사를 모방하여 색 도화지로 꽃 모양을 오려 보라고 한다.

- 오리지 못하면 교사가 유아의 손을 잡고 색 도화지로 꽃 모양을 오려 준다.
- 교사가 유아의 손을 잡고 색 도화지로 꽃 모양을 오려 주다가 유아에게 오려 보라고 한다.
- 오리지 못하면 교사가 유아의 손을 잡고 색 도화지로 꽃 모양을 오리는 동작을 반복해 준다.
- 교사가 색 도화지에 가위를 대 준 후 유아에게 꽃 모양을 오려 보라고 한다.
- 도움을 점차 줄여 간다.
- 수행되면 유아 스스로 색 도화지로 꽃 모양을 오려 보라고 한다.
- 수행되면 교사가 색 도화지로 동그라미를 오리는 시범을 보인다.
- 유아에게 교사를 모방하여 색 도화지로 동그라미를 오려 보라고 한다.
- 오리지 못하면 교사가 색 도화지로 꽃 모양을 오리는 것을 지도한 것과 같은 방법으로 지도한다.

5~6
세

- 수행되면 교사가 자른 녹색 도화지를 말아서 테이프로 붙인 후 자른 부분을 아래로 내려 줄기를 만드는 시범을 보인다.
- 유아에게 교사를 모방하여 자른 녹색 도화지를 말아서 테이프로 붙인 후 자른 부분을 아래로 내려 줄기를 만들어 보라고 한다.
- 하지 못하면 교사가 색 도화지로 꽃 모양을 오리는 것을 지도한 것과 같은 방법으로 지도한다.
- 수행되면 유아 스스로 자른 녹색 도화지를 말아서 테이프로 붙인 후 자른 부분을 아래로 내려 줄기를 만들어 보라고 한다.
- 수행되면 교사가 줄기에 꽃을 붙여 종이화분을 완성하는 시범을 보인다.
- 유아에게 교사를 모방하여 줄기에 꽃을 붙여 종이화분을 완성해 보라고 한다.
- 하지 못하면 교사가 유아의 손을 잡고 줄기에 꽃을 붙여 종이화분을 완성해 준다.
- 교사가 유아의 손을 잡고 줄기에 꽃을 붙여 주다가 유아에게 붙여 종이화분을 완성해 보라고 한다.

- 하지 못하면 교사가 유아의 손을 잡고 줄기에 꽃을 붙여 종이화분을 완성하는 동작을 반복해 준다.
- 교사가 유아의 손을 잡고 꽃을 줄기에 대 준 후 유아에게 꽃을 붙여 종이화분을 완성해 보라고 한다.
- 도움을 점차 줄여 간다.
- 수행되면 유아 스스로 줄기에 꽃을 붙여 종이화분을 완성해 보라고 한다.
- 수행되면 유아의 특성에 맞는 적절한 강화제를 제공한다.

☞ 유아가 녹색 도화지를 반으로 접은 후 벌어진 부분에 교사가 테이프를 붙인 다음 일정한 간격으로 선을 그어 주도록 한다.

☞ 교사가 색 도화지에 꽃 모양과 동그라미를 미리 그려서 제시하도록 한다.

☞ 말아서 붙인 녹색 도화지를 입에 대고 바람 불기 놀이를 하거나 팔찌처럼 차 보게도 하고 눈에 대고 까꿍 놀이를 할 수 있도록 확장시켜 주면 효과적이다.

녹색 도화지

도화지를 반으로 접어서 벌어지는 부분
테이프로 붙이고 자르기

접은 도화지 자르기

꽃 모양에 동그라미 붙이기

동그라미에 풀칠하기

꽃 모양에 동그라미 붙이기

완성된 꽃

완성된 꽃과 반으로 접어 자른 녹색 도화지

녹색 부분을 말아서 테이프 붙이기

자른 부분을 아래로 내려 줄기 만들기

꽃에 풀칠하기

줄기에 꽃 붙이기

줄기에 꽃 붙이기

완성된 종이화분

말아서 붙인 녹색 도화지로 바람 불기

팔찌처럼 끼워 보기

* 사진 출처: 령 트리오 재구성

종이컵 꽃 화분 만들기

목표 | 종이컵 꽃 화분을 만들 수 있다.

자료 | 일회용 접시, 폼폼이, 스틱, 종이컵, 가위, 눈알, 색종이, 풀, 테이프, 강화제

방법 ❶

- 교사가 폼폼이를 종이컵에 넣는 시범을 보인다.
- 유아에게 교사를 모방하여 폼폼이를 종이컵에 넣어 보라고 한다.
- 수행되면 유아 스스로 폼폼이를 종이컵에 넣어 보라고 한다.
- 수행되면 교사가 색종이에 풀칠을 해서 종이컵에 붙인 후 종이컵을 뒤집어 아랫면에 눈알을 붙이는 시범을 보인다.
- 유아에게 교사를 모방하여 색종이에 풀칠을 해서 종이컵에 붙인 후 종이컵을 뒤집어 아랫면에 눈알을 붙여 보라고 한다.
- 수행되면 유아 스스로 색종이에 풀칠을 해서 종이컵에 붙인 후 종이컵을 뒤집어 아랫면에 눈알을 붙여 보라고 한다.
- 수행되면 교사가 종이컵의 아랫면 1/3을 남기고 자른 후 자른 부분을 펼쳐서 꽃 모양을 만드는 시범을 보인다.
- 유아에게 교사를 모방하여 종이컵의 아랫면 1/3을 남기고 자른 후 자른 부분을 펼쳐서 꽃 모양을 만들어 보라고 한다.

- 수행되면 유아 스스로 종이컵의 아랫면 1/3을 남기고 자른 후 자른 부분을 펼쳐서 꽃 모양을 만들어 보라고 한다.
- 수행되면 교사가 꽃에 스틱을 테이프로 붙인 후 폼폼이가 담긴 컵에 꽃을 꽂는 시범을 보인다.
- 유아에게 교사를 모방하여 꽃에 스틱을 테이프로 붙인 후 폼폼이가 담긴 컵에 꽃을 꽂아 보라고 한다.
- 수행되면 유아 스스로 꽃에 스틱을 테이프로 붙인 후 폼폼이가 담긴 컵에 꽃을 꽂아 보라고 한다.
- 수행되면 유아의 특성에 맞는 적절한 강화제를 제공한다.

방법 ❷
- 교사가 폼폼이를 종이컵에 넣는 시범을 보인다.
- 유아에게 교사를 모방하여 폼폼이를 종이컵에 넣어 보라고 한다.
- 수행되면 유아 스스로 폼폼이를 종이컵에 넣어 보라고 한다.
- 수행되면 교사가 색종이에 풀칠을 해서 종이컵에 붙이는 시범을 보인다.
- 유아에게 교사를 모방하여 색종이에 풀칠을 해서 종이컵에 붙여 보라고 한다.
- 붙이지 못하면 교사가 유아의 손을 잡고 색종이에 풀칠을 해서 종이컵에 붙여 준다.
- 교사가 유아의 손을 잡고 색종이에 풀칠을 해서 종이컵에 붙여 주다가 유아에게 붙여 보라고 한다.
- 붙이지 못하면 교사가 유아의 손을 잡고 색종이에 풀칠을 해서 종이컵에 붙이는 동작을 반복해 준다.
- 교사가 유아의 손을 잡고 색종이에 풀칠을 하다가 유아에게 풀칠을 한 후 종이컵에 붙여 보라고 한다.
- 도움을 점차 줄여 간다.
- 수행되면 유아 스스로 색종이에 풀칠을 해서 종이컵에 붙여 보라고 한다.
- 수행되면 교사가 색종이를 붙인 종이컵을 뒤집어 아랫면에 눈알을 붙이는 시범을

보인다.

- 유아에게 교사를 모방하여 종이컵을 뒤집어 아랫면에 눈알을 붙여 보라고 한다.
- 붙이지 못하면 교사가 색종이를 종이컵에 붙이는 것을 지도한 것과 같은 방법으로 지도한다.
- 수행되면 유아 스스로 종이컵을 뒤집어 아랫면에 눈알을 붙여 보라고 한다.
- 수행되면 교사가 종이컵의 아랫면 1/3을 남기고 자르는 시범을 보인다.
- 유아에게 교사를 모방하여 종이컵의 아랫면 1/3을 남기고 잘라 보라고 한다.
- 자르지 못하면 교사가 색종이를 종이컵에 붙이는 것을 지도한 것과 같은 방법으로 지도한다.
- 수행되면 유아 스스로 종이컵의 아랫면 1/3을 남기고 잘라 보라고 한다.
- 수행되면 교사가 종이컵의 자른 부분을 펼쳐서 꽃 모양을 만드는 시범을 보인다.
- 유아에게 교사를 모방하여 종이컵의 자른 부분을 펼쳐서 꽃 모양을 만들어 보라고 한다.
- 만들지 못하면 교사가 색종이를 종이컵에 붙이는 것을 지도한 것과 같은 방법으로 지도한다.
- 수행되면 유아 스스로 종이컵의 자른 부분을 펼쳐서 꽃 모양을 만들어 보라고 한다.
- 수행되면 교사가 꽃에 스틱을 테이프로 붙이는 시범을 보인다.
- 유아에게 교사를 모방하여 꽃에 스틱을 테이프로 붙여 보라고 한다.
- 붙이지 못하면 교사가 색종이를 종이컵에 붙이는 것을 지도한 것과 같은 방법으로 지도한다.
- 수행되면 유아 스스로 꽃에 스틱을 테이프로 붙여 보라고 한다.
- 수행되면 교사가 꽃을 폼폼이가 담긴 컵에 꽂는 시범을 보인다.
- 유아에게 교사를 모방하여 꽃을 폼폼이가 담긴 컵에 꽂아 보라고 한다.
- 수행되면 유아 스스로 꽃을 폼폼이가 담긴 컵에 꽂아 보라고 한다.
- 수행되면 유아의 특성에 맞는 적절한 강화제를 제공한다.

준비물

폼폼이 종이컵에 넣기

색종이로 감싼 종이컵에 눈알 붙이기

종이컵 잘라 꽃 모양 만들기

꽃에 스틱 붙이기

폼폼이가 채워진 종이컵에 꽃 꽂기

* 사진 출처: 렁 트리오 재구성

165 신문지 커튼 만들기 6~7세

목표 | 신문지 커튼을 만들 수 있다.

자료 | 신문지, 테이프, 강화제

방법 ❶

- 교사가 테이프를 길게 잘라 문틀과 문틀 사이에 붙여 놓는다.
- 교사가 신문지를 길게 찢은 후 테이프에 일정한 간격으로 붙여 커튼을 만드는 시범을 보인다.
- 유아에게 교사를 모방하여 신문지를 길게 찢은 후 테이프에 일정한 간격으로 붙여 커튼을 만들어 보라고 한다.
- 수행되면 유아 스스로 신문지를 길게 찢은 후 테이프에 일정한 간격으로 붙여 커튼을 만들어 보라고 한다.
- 수행되면 유아의 특성에 맞는 적절한 강화제를 제공한다.

방법 ❷

- 교사가 테이프를 길게 잘라 문틀과 문틀 사이에 붙여 놓는다.
- 교사가 신문지를 일정한 간격으로 길게 찢는 시범을 보인다.
- 유아에게 교사를 모방하여 신문지를 일정한 간격으로 길게 찢어 보라고 한다.
- 찢지 못하면 교사가 유아의 손을 잡고 신문지를 일정한 간격으로 길게 찢어 준다.
- 교사가 유아의 손을 잡고 신문지를 일정한 간격으로 길게 찢어 주다가 유아에게 찢어 보라고 한다.
- 찢지 못하면 교사가 유아의 손을 잡고 신문지를 일정한 간격으로 길게 찢는 동작을 반복해 준다.
- 교사가 유아의 손을 신문지에 대 준 다음 유아에게 일정한 간격으로 길게 찢어 보

6~7세

라고 한다.

- 도움을 점차 줄여 간다.
- 수행되면 유아 스스로 신문지를 일정한 간격으로 길게 찢어 보라고 한다.
- 수행되면 교사가 길게 찢은 신문지를 테이프에 일정한 간격으로 붙여 커튼을 만드는 시범을 보인다.
- 유아에게 교사를 모방하여 길게 찢은 신문지를 테이프에 일정한 간격으로 붙여 커튼을 만들어 보라고 한다.
- 붙이지 못하면 신문지를 길게 일정한 간격으로 찢는 것을 지도한 것과 같은 방법으로 지도한다.
- 수행되면 유아 스스로 신문지를 길게 찢은 후 테이프에 일정한 간격으로 붙여 커튼을 만들어 보라고 한다.
- 수행되면 유아의 특성에 맞는 적절한 강화제를 제공한다.

☞ 신문지는 길게 찢은 후 방바닥에 펼쳐 놓고 수영하는 흉내 내기, 신문지 날리기, 신문지 밟기, 신문지 위에 누워 있기, 봉(키친타월 심지)으로 신문지 커튼 치기, 누워서 신문지 커튼 발로 차기, 신문지 앞치마 만들기 등 다양한 놀이로 확장시켜 줄 수 있다.

신문지 찢기

찢어진 신문지

테이프에 신문지 붙이기

테이프에 신문지 붙이기

완성된 신문지 커튼

누워서 신문지 커튼 발로 차기

신문지 위에서 수영하기

봉으로 신문지 커튼 치기

신문지에 곰돌이 숨기기

곰돌이 찾기

허리에 테이프 감기

신문지 붙여 앞치마 만들기

* 사진 출처: 령 트리오 재구성

166 수정토를 500ml 생수병에 붓기 6~7세

목표 | 수정토를 500ml 생수병에 부을 수 있다.
자료 | 수정토, 500ml 생수병, 일회용 커피 컵, 강화제

방법 ❶

- 교사가 수정토가 들어 있는 일회용 커피 컵의 구멍을 500ml 생수병의 입구에 맞춘 후 수정토를 붓는 시범을 보인다.
- 유아에게 교사를 모방하여 수정토가 들어 있는 일회용 커피 컵의 구멍을 500ml 생수병의 입구에 맞춘 후 수정토를 부어 보라고 한다.
- 수행되면 유아 스스로 수정토가 들어 있는 일회용 커피 컵의 구멍을 500ml 생수병의 입구에 맞춘 후 수정토를 부어 보라고 한다.
- 수행되면 유아의 특성에 맞는 적절한 강화제를 제공한다.

6~7세

방법 ❷

- 교사가 수정토가 들어 있는 일회용 커피 컵의 구멍을 500ml 생수병의 입구에 맞춘 후 수정토를 붓는 시범을 보인다.
- 유아에게 교사를 모방하여 수정토가 들어 있는 일회용 커피 컵의 구멍을 500ml 생수병의 입구에 맞춘 후 수정토를 부어 보라고 한다.
- 붓지 못하면 교사가 유아의 손을 잡고 수정토가 들어 있는 일회용 커피 컵의 구멍을 500ml 생수병의 입구에 맞춘 후 수정토를 부어 준다.
- 교사가 유아의 손을 잡고 수정토가 들어 있는 일회용 커피 컵의 구멍을 500ml 생수병의 입구에 맞춘 후 수정토를 부어 주다가 유아에게 부어 보라고 한다.
- 붓지 못하면 교사가 유아의 손을 잡고 수정토가 들어 있는 일회용 커피 컵의 구멍을 500ml 생수병의 입구에 맞춘 후 수정토를 붓는 동작을 반복해 준다.

- 교사가 유아의 손을 잡고 수정토가 들어 있는 일회용 커피 컵의 구멍을 500ml 생수병 입구에 대 준 후 유아에게 부어 보라고 한다.
- 도움을 점차 줄여 간다.
- 수행되면 유아 스스로 교사가 유아의 손을 잡고 수정토가 들어 있는 일회용 커피 컵의 구멍을 500ml 생수병의 입구에 맞춘 후 수정토를 부어 보라고 한다.
- 수행되면 유아의 특성에 맞는 적절한 강화제를 제공한다.

☞ 개구리알은 수정토, 워트비즈 등의 이름으로 불리며 시중에서 쉽게 구입할 수 있다.

☞ 생수병에 담긴 수정토를 누가 빨리 유리그릇에 쏟는지 경주하는 놀이로 확장시켜 줄 수 있다.

☞ 유아의 상태에 따라 투명 용기에 수정토를 무지개 색으로 담는 놀이로 확장시켜 주거나 교사가 투명 용기에 무지개 색으로 담아 유아가 감상할 수 있도록 해 주면 된다.

커피 컵에 들어 있는 수정토를
500ml 생수병에 옮기기

500ml 생수병에 옮겨지고 있는 수정토

500ml 생수병에 옮겨진 수정토

생수병에 담긴 수정토를 유리그릇에 쏟기

투명 용기에 무지개 색으로 담기

투명 용기에 무지개 색으로 담기

* 사진 출처: 령 트리오 재구성

167 계란판 색칠하기

목표 | 계란판을 색칠할 수 있다.

자료 | 계란판, 물감, 붓, 팔레트, 강화제

방법 ❶

- 교사가 붓으로 계란판을 색칠하는 시범을 보인다.
- 유아에게 교사를 모방하여 붓으로 계란판을 색칠해 보라고 한다.
- 수행되면 유아 스스로 붓을 가지고 계란판을 색칠해 보라고 한다.
- 수행되면 유아의 특성에 맞는 적절한 강화제를 제공한다.

방법 ❷

- 교사가 붓으로 계란판을 색칠하는 시범을 보인다.
- 유아에게 교사를 모방하여 붓으로 계란판을 색칠해 보라고 한다.
- 색칠하지 못하면 교사가 유아의 손을 잡고 붓으로 계란판을 색칠해 준다.
- 교사가 계란판을 가리키며 유아에게 붓으로 색칠해 보라고 한다.
- 색칠하지 못하면 교사가 유아의 손을 잡고 붓으로 계란판을 색칠해 주는 동작을 반복해 준다.
- 도움을 점차 줄여 간다.
- 수행되면 유아 스스로 붓으로 계란판을 색칠해 보라고 한다.
- 수행되면 유아의 특성에 맞는 적절한 강화제를 제공한다.

물감, 계란판, 붓, 팔레트 준비

붓으로 계란판 색칠하기

붓으로 계란판 색칠하기

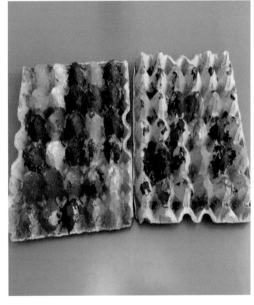

완성된 계란판

6~7
세

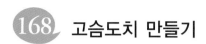

168 고슴도치 만들기 6~7세

목표 | 종이접시로 고슴도치를 만들 수 있다.

자료 | 종이접시, 물감, 붓, 폼폼이, 가위, 풀, 눈알, 강화제

방법 ❶

- 교사가 종이접시의 반을 접는 시범을 보인다.
- 유아에게 교사를 모방하여 종이접시의 빈을 접어 보라고 한다.
- 수행되면 유아 스스로 종이접시의 반을 접어 보라고 한다.
- 수행되면 교사가 반으로 접은 종이접시의 윗면에 ∠ 선을 그려 고슴도치의 얼굴을 오린 다음 가장자리를 오리는 시범을 보인다.
- 유아가 반으로 접은 종이접시에 교사가 ∠ 선을 그려 제시한다.
- 유아에게 교사를 모방하여 ∠ 선을 따라 고슴도치의 얼굴을 오린 다음 가장자리를 오려 보라고 한다.
- 수행되면 유아 스스로 ∠ 선을 따라 고슴도치의 얼굴을 오린 다음 가장자리를 오려 보라고 한다.
- 수행되면 교사가 붓을 사용하여 원하는 색으로 고슴도치를 칠하는 시범을 보인다.
- 유아에게 교사를 모방하여 붓을 사용하여 원하는 색으로 고슴도치를 칠해 보라고 한다.
- 수행되면 유아 스스로 붓을 사용하여 원하는 색으로 고슴도치를 칠해 보라고 한다.
- 수행되면 교사가 폼폼이에 풀칠을 하여 고슴도치의 코를 붙이는 시범을 보인다.
- 유아에게 교사를 모방하여 폼폼이에 풀칠을 하여 고슴도치의 코를 붙여 보라고 한다.
- 수행되면 유아 스스로 폼폼이에 풀칠을 하여 고슴도치의 코를 붙여 보라고 한다.
- 수행되면 교사가 눈알을 붙여 고슴도치를 완성하는 시범을 보인다.

- 유아에게 교사를 모방하여 눈알을 붙여 고슴도치를 완성해 보라고 한다.
- 수행되면 유아 스스로 눈알을 붙여 고슴도치를 완성해 보라고 한다.
- 수행되면 유아의 특성에 맞는 적절한 강화제를 제공한다.

방법 ❷

- 교사가 종이접시의 반을 접는 시범을 보인다.
- 유아에게 교사를 모방하여 종이접시의 반을 접어 보라고 한다.
- 접지 못하면 교사가 유아의 손을 잡고 종이접시를 반으로 접어 준다.
- 교사가 유아의 손을 잡고 종이접시를 반으로 접다가 유아에게 나머지를 접어 보라고 한다.
- 접지 못하면 교사가 유아의 손을 잡고 종이접시를 반으로 접는 동작을 반복해 준다.
- 교사가 종이접시를 반으로 접는 동작을 보여 주며 유아에게 반으로 접어 보라고 한다.
- 도움을 점차 줄여 간다.

- 수행되면 유아 스스로 종이접시를 반으로 접어 보라고 한다.
- 수행되면 교사가 반으로 접은 종이접시의 윗면에 ∠ 선을 그려 고슴도치의 얼굴을 오리는 시범을 보인다.
- 유아가 반으로 접은 종이접시에 교사가 ∠ 선을 그려 제시한다.
- 유아에게 교사를 모방하여 ∠ 선을 따라 고슴도치의 얼굴을 오려 보라고 한다.
- 오리지 못하면 교사가 유아의 손을 잡고 ∠ 선을 따라 고슴도치의 얼굴을 오려 준다.
- 교사가 유아의 손을 잡고 ∠ 선을 따라 고슴도치의 얼굴을 2/3 오려 주다가 유아에게 나머지를 오려 보라고 한다.
- 오리지 못하면 교사가 유아의 손을 잡고 ∠ 선을 따라 고슴도치의 얼굴을 오리는 동작을 반복해 준다.
- 교사가 유아의 손을 잡고 ∠ 선을 따라 고슴도치의 얼굴을 1/3 오려 주다가 유아에게 나머지를 오려 보라고 한다.

- 도움을 점차 줄여 간다.
- 수행되면 유아 스스로 ∠ 선을 따라 고슴도치의 얼굴을 오려 보라고 한다.
- 수행되면 교사가 반으로 접은 종이접시의 가장자리를 오리는 시범을 보인다.
- 유아에게 교사를 모방하여 종이접시의 가장자리를 오려 보라고 한다.
- 수행되면 유아 스스로 종이접시의 가장자리를 오려 보라고 한다.
- 수행되면 교사가 붓을 사용하여 원하는 색으로 고슴도치를 칠하는 시범을 보인다.
- 유아에게 교사를 모방하여 붓을 사용하여 원하는 색으로 고슴도치를 칠해 보라고 한다.
- 칠하지 못하면 교사가 고슴도치의 얼굴을 오리는 것을 지도한 것과 같은 방법으로 지도한다.
- 수행되면 유아 스스로 붓을 사용하여 원하는 색으로 고슴도치를 칠해 보라고 한다.
- 수행되면 교사가 폼폼이에 풀칠을 하여 고슴도치의 코를 붙이는 시범을 보인다.
- 유아에게 교사를 모방하여 폼폼이에 풀칠을 하여 고슴도치의 코를 붙여 보라고 한다.
- 붙이지 못하면 교사가 고슴도치의 얼굴을 오리는 것을 지도한 것과 같은 방법으로 지도한다.
- 수행되면 유아 스스로 폼폼이에 풀칠을 하여 고슴도치의 코를 붙여 보라고 한다.
- 수행되면 눈알을 붙여 고슴도치를 완성하는 것도 같은 방법으로 지도한다.
- 수행되면 유아의 특성에 맞는 적절한 강화제를 제공한다.

☞ 유아의 상태에 따라 단계를 적절하게 조정(예: 고슴도치의 코와 눈을 붙이는 것을 각각 분리하여 지도하거나 동시에 지도)하여 지도하도록 한다.

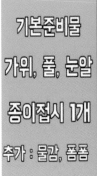

기본 준비물

반으로 접기

반으로 접어진 모양

가장자리 오리기

붓으로 원하는 색 칠하기

원하는 색으로 칠하기

6~7
세

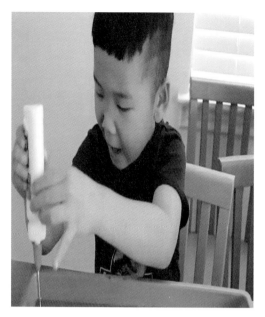

폼폼이에 풀칠하기

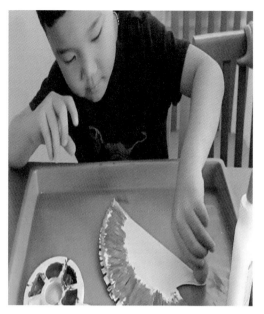

고슴도치 코 붙이기

눈알에 풀칠하기

완성된 고슴도치

* 사진 출처: 렁 트리오 재구성

폼폼이로 애벌레 집게 만들기

목표 | 폼폼이로 애벌레 집게를 만들 수 있다.

자료 | 목공 풀, 집게, 폼폼이, 눈알, 강화제

방법 ❶

• 교사가 집게 위에 목공 풀을 적당한 간격으로 칠해 놓는다.

• 교사가 집게 위의 목공 풀이 칠해져 있는 곳에 폼폼이를 붙이는 시범을 보인다.

• 교사가 집게 위에 목공 풀을 적당한 간격으로 칠해 준 후 유아에게 교사를 모방하여 폼폼이를 붙여 보라고 한다.

• 수행되면 교사가 집게 위에 목공 풀을 적당한 간격으로 칠해 준 후 유아 스스로 폼폼이를 붙여 보라고 한다.

• 수행되면 교사가 첫 번째 폼폼이에 눈알을 붙여 애벌레 집게를 완성하는 시범을 보인다.

• 유아에게 교사를 모방하여 첫 번째 폼폼이에 눈알을 붙여 애벌레 집게를 완성해 보라고 한다.

• 수행되면 유아 스스로 첫 번째 폼폼이에 눈알을 붙여 애벌레 집게를 완성해 보라고 한다.

• 수행되면 유아의 특성에 맞는 적절한 강화제를 제공한다.

방법 ❷

• 교사가 집게 위에 목공 풀을 적당한 간격으로 칠해 놓는다.

• 교사가 집게 위의 목공 풀이 칠해져 있는 곳에 폼폼이를 붙이는 시범을 보인다.

• 교사가 집게 위에 목공 풀을 적당한 간격으로 칠해 준 후 유아에게 교사를 모방하여 폼폼이를 붙여 보라고 한다.

• 붙이지 못하면 교사가 유아의 손을 잡고 목공 풀이 칠해져 있는 곳에 폼폼이를 붙

여 준다.

- 교사가 폼폼이를 잡은 유아의 손을 잡아 목공 풀이 칠해져 있는 곳에 대 준 후 폼폼이를 붙여 보라고 한다.
- 붙이지 못하면 교사가 유아의 손을 잡고 목공 풀이 칠해져 있는 곳에 폼폼이를 붙이는 동작을 반복해 준다.
- 교사가 목공 풀이 칠해져 있는 곳을 가리키며 유아에게 폼폼이를 붙여 보라고 한다.
- 도움을 점차 줄여 간다.
- 수행되면 교사가 집게 위에 목공 풀을 적당한 간격으로 칠해 준 후 유아 스스로 폼폼이를 붙여 보라고 한다.
- 수행되면 교사가 첫 번째 폼폼이에 눈알을 붙여 애벌레 집게를 완성하는 시범을 보인다.
- 유아에게 교사를 모방하여 첫 번째 폼폼이에 눈알을 붙여 애벌레 집게를 완성해 보라고 한다.
- 붙이지 못하면 교사가 유아의 손을 잡고 첫 번째 폼폼이에 눈알을 붙여 준다.
- 교사가 눈알을 잡은 유아의 손을 잡고 첫 번째 폼폼이에 대 준 후 눈알을 붙여 보라고 한다.
- 붙이지 못하면 교사가 유아의 손을 잡고 첫 번째 폼폼이에 눈알을 붙이는 동작을 반복해 준다.
- 교사가 첫 번째 폼폼이를 가리키며 유아에게 눈알을 붙여 보라고 한다.
- 도움을 점차 줄여 간다.
- 수행되면 유아 스스로 첫 번째 폼폼이에 눈알을 붙여 애벌레 집게를 완성해 보라고 한다.
- 수행되면 유아의 특성에 맞는 적절한 강화제를 제공한다.

☞ 유아가 집게 위에 폼폼이를 붙일 때 교사가 목공 풀 대신 글루건을 칠해 줘서 붙이게 해도 무방하다.

목공 풀, 집게, 폼폼이, 눈알

집게 위에 폼폼이 붙이기

집게 위에 폼폼이 붙이기

집게 위에 폼폼이 붙이기

폼폼이에 눈 붙이기

완성된 모양

* 사진 출처: 령 트리오 재구성

1~5에 스티커 붙이기

목표 │ 숫자에 수만큼의 스티커를 붙일 수 있다.

자료 │ 전지 2~3장, 4절지 여러 장, 다양한 색상의 스티커, 유성 또는 수성 매직, 테이프, 강화제

방법 ❶

- 교사가 전지에 매직으로 1~5까지 숫자를 써서 벽이나 책상에 미리 테이프로 붙여 놓는다.
- 교사가 1~5의 숫자에 각각의 수만큼 차례대로 스티커를 붙이는 시범을 보인다.
- 유아에게 교사를 모방하여 1~5의 숫자에 각각의 수만큼 차례대로 스티커를 붙여 보라고 한다.
- 수행되면 유아 스스로 1~5의 숫자에 수만큼 스티커를 붙여 보라고 한다.
- 수행되면 유아의 특성에 맞는 적절한 강화제를 제공한다.

방법 ❷

- 교사가 전지에 매직으로 1~5까지 숫자를 써서 벽이나 책상에 미리 테이프로 붙여 놓는다.
- 교사가 1~5의 숫자에 각 수만큼 차례대로 스티커를 붙이는 시범을 보인다.
- 유아에게 교사를 모방하여 1~5의 숫자에 각 수만큼 차례대로 스티커를 붙여 보라고 한다.
- 붙이지 못하면 교사가 4절지에 1의 숫자를 써서 벽이나 책상에 테이프로 붙인다.
- 교사가 1의 숫자에 스티커를 1장 붙이는 시범을 보인다.
- 유아에게 교사를 모방하여 1의 숫자에 스티커를 1장 붙여 보라고 한다.
- 붙이지 못하면 교사가 유아의 손을 잡고 1의 숫자에 스티커를 1장 붙여 준다.

- 교사가 스티커를 1장 떼 준 후 유아에게 숫자 1에 붙여 보라고 한다.
- 붙이지 못하면 교사가 유아의 손을 잡고 숫자 1에 스티커를 1장 붙이는 동작을 반복해 준다.
- 교사가 숫자 1을 가리키며 유아에게 스티커를 1장 붙여 보라고 한다.
- 도움을 점차 줄여 간다.
- 수행되면 유아 스스로 1의 숫자에 스티커를 1장 붙여 보라고 한다.
- 수행되면 교사가 4절지에 2의 숫자를 써서 벽이나 책상에 테이프로 붙인 후 2의 숫자에 스티커를 2장 붙이는 시범을 보인다.
- 유아에게 교사를 모방하여 2의 숫자에 스티커를 2장 붙여 보라고 한다.
- 붙이지 못하면 숫자 1에 스티커를 붙이는 것과 같은 방법으로 지도한다.
- 수행되면 교사가 4절지에 1~2의 숫자를 써서 벽이나 책상에 테이프로 붙인 후 유아에게 숫자 1~2에 각 수만큼 스티커를 붙여 보라고 한다.
- 수행되면 숫자 3도 같은 방법으로 지도한 후 숫자 1~3까지 각 수만큼 스티커를 붙여 보라고 한다.
- 수행되면 나머지 숫자도 같은 방법으로 지도한다.
- 수행되면 유아 스스로 1~5의 숫자에 수만큼 스티커를 붙여 보라고 한다.
- 수행되면 유아의 특성에 맞는 적절한 강화제를 제공한다.

☞ 방법 ❶ 지도 시 교사가 1~5 숫자에 연달아 스티커를 붙이는 시범을 보이지 말고 각각의 숫자에 스티커를 붙이는 시범을 보이면서 유아에게도 교사를 모방하여 각각의 숫자에 스티커를 붙여 보라고 한다(예: 교사가 숫자1에 스티커를 붙인 후 유아에게도 교사를 모방하여 1의 숫자에 스티커 붙이기 / 교사가 숫자 2에 스티커를 붙인 후 유아에게도 교사를 모방하여 2의 숫자에 스티커 붙이기).

☞ 방법 ❶ 지도 시 교사가 각각의 숫자에 스티커를 붙일 때 유아가 교사를 모방하여 붙일 수 있는지 확인만 하면 된다(예: 1에 스티커를 붙이는 것이 수행된 후 2를 지도하는 것이 아니고 각 수만큼 스티커를 붙이는 것을 모방할 수 있는지 확인하는 과정이므로 이 점을 유의하도록 한다).

☞ 사진의 숫자에 스티커를 붙이는 방법 중 하나를 예시한 것이므로 어떻게 붙이든지 숫자만큼의 스티커만 붙이면 무방하다.

☞ 스티커 대신 폼폼이를 붙이게 해도 무방하다.

☞ 수행 후 마지막 사진처럼 숫자에 그림을 마음대로 그려 꾸미는 놀이로 확장해 주면 효과적이다.

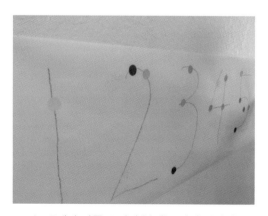

1~5에 수만큼 스티커 붙이는 시범 보이기

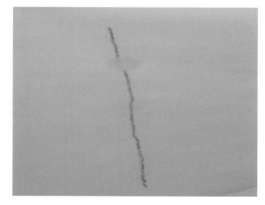

1에 숫자만큼 스티커 붙이기

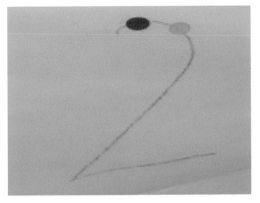

2에 숫자만큼 스티커 붙이기

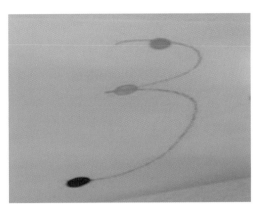

3에 숫자만큼 스티커 붙이기

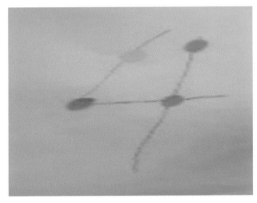

4에 숫자만큼 스티커 붙이기

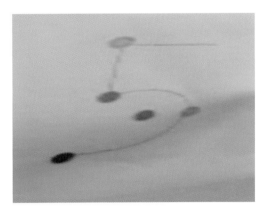

5에 숫자만큼 스티커 붙이기

1~5까지 스티커 붙이기

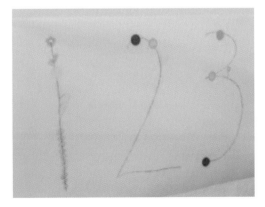

숫자에 그림 그리기(마음대로 꾸미기)

* 사진 출처: 령 트리오 재구성

6~7
세

239

포도에 이쑤시개 끼워 모양 만들기 2 6~7세

목표 | 포도에 이쑤시개를 끼워 다양한 모양을 만들 수 있다.
자료 | 포도, 이쑤시개, 강화제

방법 ❶

- 교사가 포도를 중앙에 한 개 놓은 후 중앙에 있는 포도와 다른 포도를 이쑤시개로 계속 연결하여 회오리를 만드는 시범을 보인다.
- 유아에게 교사를 모방하여 포도를 중앙에 한 개 놓은 후 중앙에 있는 포도와 다른 포도를 이쑤시개로 계속 연결하여 회오리를 만들어 보라고 한다.
- 수행되면 유아 스스로 포도를 중앙에 한 개 놓은 후 중앙에 있는 포도와 다른 포도를 이쑤시개로 계속 연결하여 회오리를 만들어 보라고 한다.
- 수행되면 교사가 포도와 포도를 이쑤시개로 연결하여 오각형을 만드는 시범을 보인다.
- 유아에게 교사를 모방하여 포도와 포도를 이쑤시개로 연결하여 오각형을 만들어 보라고 한다.
- 수행되면 유아 스스로 포도와 포도를 이쑤시개로 연결하여 오각형을 만들어 보라고 한다.
- 수행되면 유아의 특성에 맞는 적절한 강화제를 제공한다.

방법 ❷

- 교사가 포도를 중앙에 한 개 놓은 후 중앙에 있는 포도와 다른 포도를 이쑤시개로 계속 연결하여 회오리를 만드는 시범을 보인다.
- 유아에게 교사를 모방하여 포도를 중앙에 한 개 놓은 후 중앙에 있는 포도와 다른 포도를 이쑤시개로 계속 연결하여 회오리를 만들어 보라고 한다.
- 만들지 못하면 교사가 유아의 손을 잡고 포도와 다른 포도를 이쑤시개로 계속 연결하여 회오리를 만들어 준다.

- 교사가 유아에게 중앙에 포도를 놓으라고 한 후 이쑤시개를 잡은 유아의 손을 포도에 대 준 후 다른 포도와 계속 연결하여 회오리를 만들어 보라고 한다.
- 만들지 못하면 교사가 유아의 손을 잡고 포도와 다른 포도를 이쑤시개로 계속 연결하여 회오리를 만드는 동작을 반복해 준다.
- 교사가 중앙의 포도를 가리키며 유아에게 이쑤시개로 포도를 계속 연결하여 회오리를 만들어 보라고 한다.
- 도움을 점차 줄여 간다.
- 수행되면 유아 스스로 포도를 중앙에 한 개 놓은 후 중앙에 있는 포도와 다른 포도를 이쑤시개로 계속 연결하여 회오리를 만들어 보라고 한다.
- 수행되면 교사가 포도와 포도를 이쑤시개로 연결하여 오각형을 만드는 시범을 보인다.
- 유아에게 교사를 모방하여 포도와 포도를 이쑤시개로 연결하여 오각형을 만들어 보라고 한다.
- 만들지 못하면 포도로 회오리를 만드는 것을 지도한 것과 같은 방법으로 지도한다.
- 수행되면 유아 스스로 포도와 포도를 이쑤시개로 연결하여 오각형을 만들어 보라고 한다.
- 수행되면 유아의 특성에 맞는 적절한 강화제를 제공한다.

☞ 유아의 특성에 따라 예를 들어 회오리 모양을 만들 때 중앙에 포도를 하나 놓고 이쑤시개로 다른 포도 한 개를 연결하는 것이 수행되면 다른 포도를 연결하게 하는 방법으로 점차 하나씩 포도를 늘려 연결하도록 지도해도 된다.

☞ 유아의 특성에 따라 예를 들어 회오리 모양을 만들 때 중앙에 포도를 하나 놓고 이쑤시개를 포도에 5~6개 먼저 꽂은 후 다른 포도를 각각 이쑤시개에 연결하도록 지도하는 방법도 있다.

☞ 제시된 모양 외에도 유아의 특성에 따라 다양한 모양을 만들 수 있도록 지도하면 된다.

회오리 모양 만들기

회오리 모양 만들기

오각형 만들기

오각형 만들기

완성되어 가는 오각형

완성된 회오리와 오각형

* 사진 출처: 렁 트리오 재구성

172 백조 만들기

목표 | 종이접시로 백조를 만들 수 있다.

자료 | 종이접시, 가위, 풀, 색종이 눈알, 강화제

방법 ❶

- 교사가 종이접시에 백조 모양으로 오릴 수 있도록 선을 그어 제시한다.
- 교사가 종이접시에 그어진 선을 따라 백조를 오리는 시범을 보인다.
- 유아에게 교사를 모방하여 종이접시에 그어진 선을 따라 백조를 오려 보라고 한다.
- 수행되면 유아 스스로 종이접시에 그어진 선을 따라 백조를 오려 보라고 한다.
- 수행되면 교사가 날개를 오려 사진처럼 백조에 붙이는 시범을 보인다.
- 유아에게 교사를 모방하여 날개를 오려 백조에 붙여 보라고 한다.
- 수행되면 유아 스스로 날개를 오려 백조에 붙여 보라고 한다.
- 수행되면 색종이로 부리를 오려 붙이는 것도 같은 방법으로 지도한다.
- 수행되면 눈알을 백조 눈에 붙이는 것도 같은 방법으로 지도한다.
- 수행되면 유아의 특성에 맞는 적절한 강화제를 제공한다.

방법 ❷

- 교사가 종이접시에 백조 모양으로 오릴 수 있도록 선을 그어 제시한다.
- 교사가 종이접시에 그어진 선을 따라 백조를 오리는 시범을 보인다.
- 유아에게 교사를 모방하여 종이접시에 그어진 선을 따라 백조를 오려 보라고 한다.
- 오리지 못하면 교사가 유아의 손을 잡고 종이접시에 그어진 선을 따라 백조를 오려 준다.
- 교사가 가위에 유아의 손가락을 끼워 준 후 백조를 오려 보라고 한다.
- 오리지 못하면 교사가 유아의 손을 잡고 종이접시에 그어진 선을 따라 백조를 오

리는 동작을 반복해 준다.

- 교사가 유아의 손을 잡고 종이접시에 그어진 선을 따라 백조를 오려 주다가 유아에게 오려 보라고 한다.
- 도움을 점차 줄여 간다.
- 수행되면 유아 스스로 종이접시에 그어진 선을 따라 백조를 오려 보라고 한다.
- 수행되면 교사가 날개를 오려 사진처럼 백조 몸판에 풀로 붙이는 시범을 보인다.
- 유아에게 교사를 모방하여 날개를 오려 백조 몸판에 풀로 붙여 보라고 한다.
- 오리지 못하면 교사가 백조를 오리는 것과 같은 방법으로 지도한다.
- 수행되면 유아 스스로 날개를 오려 백조 몸판에 풀로 붙여 보라고 한다.
- 수행되면 교사가 색종이로 부리 모양을 오려 입 부분에 붙이는 시범을 보인다.
- 유아에게 교사를 모방하여 색종이로 부리 모양을 오려 입 부분에 풀로 붙여 보라고 한다.
- 붙이지 못하면 교사가 백조를 오리는 것과 같은 방법으로 지도한다.
- 수행되면 유아 스스로 색종이로 부리 모양을 오려 입 부분에 풀로 붙여 보라고 한다.
- 수행되면 교사가 눈알을 백조 눈에 붙이는 시범을 보인다.
- 유아에게 교사를 모방하여 눈알을 백조 눈에 붙여 보라고 한다.
- 붙이지 못하면 교사가 백조를 오리는 것과 같은 방법으로 지도한다.
- 수행되면 유아 스스로 눈알을 백조 눈에 붙여 보라고 한다.
- 수행되면 유아의 특성에 맞는 적절한 강화제를 제공한다.

☞ 백조를 오려 낸 종이접시를 활용하여 날개를 그려 오리면 된다.

☞ 유아의 상태에 따라 단계를 적절하게 조정(예: 부리 모양을 오리는 것과 입 부분에 붙이는 것을 각각 분리하여 진행하거나 동시에 진행)하여 지도하도록 한다.

1. 백조

기본 준비물

가위, 풀,
색종이, 눈알

종이접시 1개

준비물

종이접시

종이접시를 반으로 오릴 모양

종이접시를 백조 모양으로 오리기

6~7
세

오린 백조 모양

날개 오리기

245

날개 붙이는 시범 보이기

부리 오리기

날개에 풀칠하기

날개 붙이기

완성된 모양

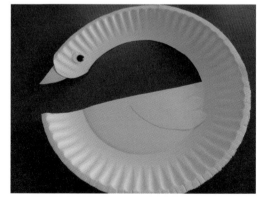

완성된 모양

173 길 따라 붕붕차 타기

목표 | 길을 따라 붕붕차를 탈 수 있다.
자료 | 붕붕차, 테이프, 강화제

방법 ❶

- 붕붕차를 타는 것은 수행하였으므로 확인한 후 지도한다.
- 교사가 바닥에 미리 테이프로 붕붕차가 다닐 수 있는 길을 만들어 놓는다.
- 교사가 붕붕차를 타고 길을 따라가는 시범을 보인다.
- 유아에게 교사를 모방하여 붕붕차를 타고 길을 따라가 보라고 한다.
- 수행되면 유아 스스로 붕붕차를 타고 길을 따라가 보라고 한다.
- 수행되면 유아의 특성에 맞는 적절한 강화제를 제공한다.

방법 ❷

- 붕붕차를 타는 것은 수행하였으므로 확인한 후 지도한다.
- 교사가 바닥에 미리 테이프로 붕붕차가 다닐 수 있는 길을 만들어 놓는다.
- 교사가 붕붕차를 타고 길을 따라가는 시범을 보인다.
- 유아에게 교사를 모방하여 붕붕차를 타고 길을 따라가 보라고 한다.
- 따라가지 못하면 교사가 유아에게 붕붕차를 타게 한 후 옆에서 운전대를 끌어 주면서 길을 따라가게 해 준다.
- 교사가 유아에게 붕붕차를 타게 한 후 옆에서 운전대를 살짝 끌어 주면서 길을 따라가 보라고 한다.
- 따라가지 못하면 교사가 유아에게 붕붕차를 타게 한 후 옆에서 운전대를 끌어 주면서 길을 따라가는 것을 반복해 준다.
- 도움을 점차 줄여 간다.

• 수행되면 유아 스스로 붕붕차를 타고 길을 따라가 보라고 한다.

• 수행되면 유아의 특성에 맞는 적절한 강화제를 제공한다.

☞ 운전을 하면서 거리감과 방향 감각을 비롯한 운동 능력을 키울 수 있는 유용한 놀이 중 하나이다.

목표 | 색 쌀로 코끼리를 꾸밀 수 있다.

자료 | 색 쌀, 코끼리 그림, 색 도화지, 목공 풀, 가위, 강화제

방법 ❶

- 교사가 가위로 코끼리 모양을 잘라 검정색 도화지에 붙이는 시범을 보인다.
- 유아에게 교사를 모방하여 가위로 코끼리 모양을 잘라 검정색 도화지에 붙여 보라고 한다.
- 수행되면 유아 스스로 코끼리 모양을 가위로 잘라 검정색 도화지에 붙여 보라고 한다.
- 수행되면 교사가 코끼리 모양에 목공 풀을 칠한 후 목공 풀 위에 색 쌀을 붙이는 시범을 보인다.
- 유아에게 교사를 모방하여 코끼리 모양에 목공 풀을 칠한 후 목공 풀 위에 색 쌀을 붙여 보라고 한다.
- 수행되면 유아 스스로 코끼리 모양에 목공 풀을 칠한 후 목공 풀 위에 색 쌀을 붙여 보라고 한다.
- 수행되면 교사가 코끼리 모양에서 색 쌀을 털어 내는 시범을 보인다.
- 유아에게 교사를 모방하여 코끼리 모양에서 색 쌀을 털어 내 보라고 한다.
- 수행되면 유아 스스로 코끼리 모양에서 색 쌀을 털어 내 보라고 한다.
- 수행되면 유아의 특성에 맞는 적절한 강화제를 제공한다.

방법 ❷

- 교사가 가위로 코끼리 모양을 자르는 시범을 보인다.
- 유아에게 교사를 모방하여 가위로 코끼리 모양을 잘라 보라고 한다.

- 자르지 못하면 교사가 유아의 손을 잡고 코끼리 모양을 잘라 준다.
- 교사가 유아의 손을 잡고 코끼리 모양을 잘라주다가 유아에게 잘라 보라고 한다.
- 자르지 못하면 교사가 유아의 손을 잡고 코끼리 모양을 잘라 주는 동작을 반복해 준다.
- 도움을 점차 줄여 간다.
- 수행되면 유아 스스로 코끼리 모양을 잘라 보라고 한다.
- 수행되면 교사가 코끼리 모양을 검정색 도화지에 붙이는 시범을 보인다.
- 유아에게 교사를 모방하여 코끼리 모양을 검정색 도화지에 붙여 보라고 한다.
- 붙이지 못하면 코끼리 모양 자르기를 지도한 것과 같은 방법으로 지도한다.
- 수행되면 유아 스스로 코끼리 모양을 검정색 도화지에 붙여 보라고 한다.
- 수행되면 교사가 코끼리 모양에 목공 풀을 칠하는 시범을 보인다.
- 유아에게 교사를 모방하여 코끼리 모양에 목공 풀을 칠해 보라고 한다.
- 칠하지 못하면 코끼리 모양 자르기를 지도한 것과 같은 방법으로 지도한다.
- 수행되면 교사가 목공 풀을 칠한 코끼리 모양에 색 쌀을 붙이는 시범을 보인다.
- 유아에게 교사를 모방하여 목공 풀을 칠한 코끼리 모양에 색 쌀을 붙여 보라고 한다.
- 붙이지 못하면 교사가 유아의 손을 잡고 목공 풀을 칠한 코끼리 모양에 색 쌀을 붙여 준다.
- 교사가 유아의 손을 잡고 목공 풀을 칠한 코끼리 모양에 색 쌀을 붙여 주다가 유아에게 붙여 보라고 한다.
- 붙이지 못하면 교사가 유아의 손을 잡고 목공 풀을 칠한 코끼리 모양에 색 쌀을 붙여 주는 동작을 반복해 준다.
- 교사가 목공 풀을 칠한 코끼리 모양을 가리키며 유아에게 색 쌀을 붙여 보라고 한다.
- 도움을 점차 줄여 간다.
- 수행되면 유아 스스로 목공 풀을 칠한 코끼리 모양에 색 쌀을 붙여 보라고 한다.
- 수행되면 교사가 코끼리 모양에서 색 쌀을 털어 내는 시범을 보인다.
- 유아에게 교사를 모방하여 코끼리 모양에서 색 쌀을 털어 내 보라고 한다.

- 털어 내지 못하면 코끼리 모양 자르기를 지도한 것과 같은 방법으로 지도한다.
- 수행되면 유아 스스로 색 쌀을 털어 내 보라고 한다.
- 수행되면 유아의 특성에 맞는 적절한 강화제를 제공한다.

☞ 수행 후 색 쌀을 가지고 마음대로 놀 수 있도록 하거나 손가락으로 글자 쓰기(예: 자신의 이름 쓰기) 놀이를 지도해도 유아가 흥미로워한다.

색 쌀, 코끼리 그림, 색 도화지, 목공 풀, 가위

코끼리 모양 자르기

코끼리 자른 모양

검정 색지에 코끼리 모양 붙이기

코끼리 모양에 목공 풀 칠하기

색 쌀 붙이기

칠한 목공 풀 위에 색 쌀 붙이기

손으로 색 쌀 다듬기

칠한 목공 풀 위에 색 쌀 붙여진 모양

코끼리 모양에서 색 쌀 털어 내기

6~7
세

색 쌀 가지고 놀기

손가락으로 이름 쓰기

* 사진 출처: 렁 트리오 재구성

175 종이컵으로 꽃밭 만들기   6~7세

목표 | 종이컵으로 꽃밭을 만들 수 있다.

자료 | 종이컵, 도화지, 모루(빨대) 가위, 풀, 색종이, 눈알, 나비 스티커류, 강화제

방법 ❶

- 교사가 종이컵의 밑면 1/5을 남겨 둔 다음 가위를 사용하여 적당한 간격(예: 0.5cm)으로 잘라 꽃잎 모양을 만든 후 도화지에 붙이는 시범을 보인다.
- 교사가 종이컵의 밑면 1/5을 선으로 표시해 준 후 유아에게 교사를 모방하여 종이컵의 밑면 1/5을 남겨 둔 다음 가위를 사용하여 적당한 간격(예: 0.5cm)으로 잘라 꽃잎 모양을 만든 후 도화지에 붙여 보라고 한다.
- 수행되면 교사가 종이컵의 밑면 1/5을 선으로 표시해 준 후 유아 스스로 종이컵의 밑면 1/5을 남겨 둔 다음 가위를 사용하여 적당한 간격(예: 0.5cm)으로 잘라 꽃잎 모양을 만든 후 도화지에 붙여 보라고 한다.
- 수행되면 교사가 모루로 꽃의 줄기를 붙인 후 가위를 사용하여 색종이로 잎을 오려 붙이는 시범을 보인다.
- 유아에게 교사를 모방하여 모루로 꽃의 줄기를 붙인 후 가위를 사용하여 색종이로 잎을 오려 붙여 보라고 한다.
- 수행되면 유아 스스로 모루로 꽃의 줄기를 붙인 후 가위를 사용하여 색종이로 잎을 오려 붙여 보라고 한다.
- 수행되면 교사가 나비를 꽃 주변에 붙여 꽃밭을 완성하는 시범을 보인다.
- 유아에게 교사를 모방하여 나비를 꽃 주변에 붙여 꽃밭을 완성해 보라고 한다.
- 수행되면 유아 스스로 나비를 꽃 주변에 붙여 꽃밭을 완성해 보라고 한다.
- 수행되면 유아의 특성에 맞는 적절한 강화제를 제공한다.

- 교사가 종이컵의 밑면 1/5을 남겨 둔 후 가위를 사용하여 적당한 간격(예: 0.5cm)으로 자르는 시범을 보인다.
- 교사가 종이컵의 밑면 1/5을 선으로 표시해 준 후 유아에게 교사를 모방하여 종이컵의 밑면 1/5을 남겨 둔 다음 가위를 사용하여 적당한 간격으로 잘라 보라고 한다.
- 자르지 못하면 교사가 유아의 손을 잡고 종이컵의 밑면 1/5을 남겨 둔 후 가위를 사용하여 적당한 간격으로 잘라 준다.
- 교사가 유아의 손을 잡고 종이컵의 밑면 1/5을 남겨 둔 다음 가위를 사용하여 적당한 간격으로 잘라 주다가 유아에게 잘라 보라고 한다.
- 자르지 못하면 교사가 유아의 손을 잡고 종이컵의 밑면 1/5을 남겨 둔 다음 가위를 사용하여 적당한 간격으로 자르는 동작을 반복해 준다.
- 교사가 유아의 손을 종이컵에 대 준 후 유아에게 종이컵의 밑면 1/5을 남겨 둔 다음 가위를 사용하여 적당한 간격으로 잘라 보라고 한다.
- 도움을 점차 줄여 간다.
- 수행되면 유아 스스로 종이컵의 밑면 1/5을 남겨 둔 다음 가위를 사용하여 적당한 간격으로 잘라 보라고 한다.
- 수행되면 교사가 종이컵의 잘린 면을 펼쳐 꽃잎 모양으로 만드는 시범을 보인다.
- 유아에게 교사를 모방하여 종이컵의 잘린 면을 펼쳐 꽃잎 모양으로 만들어 보라고 한다.
- 만들지 못하면 교사가 유아의 손을 잡고 종이컵의 잘린 면을 펼쳐 꽃잎 모양으로 만드는 동작을 반복해 준다.
- 교사가 유아의 손을 잡고 종이컵의 잘린 면을 펼쳐 1/2 정도 꽃잎 모양으로 만들어 주다가 유아에게 만들어 보라고 한다.
- 도움을 점차 줄여 간다.
- 수행되면 유아 스스로 종이컵의 잘린 면을 펼쳐 꽃잎 모양으로 만들어 보라고 한다.
- 수행되면 교사가 꽃잎 모양을 도화지에 붙이는 시범을 보인다.

6~7
세

- 유아에게 교사를 모방하여 꽃잎 모양을 도화지에 붙여 보라고 한다.
- 붙이지 못하면 교사가 종이컵의 잘린 면을 펼쳐 꽃잎 모양으로 만드는 것을 지도한 것과 같은 방법으로 지도한다.
- 수행되면 교사가 모루로 꽃의 줄기를 붙이는 시범을 보인다.
- 유아에게 교사를 모방하여 모루로 꽃의 줄기를 붙여 보라고 한다.
- 붙이지 못하면 교사가 종이컵의 잘린 면을 펼쳐 꽃잎 모양으로 만드는 것을 지도한 것과 같은 방법으로 지도한다.
- 수행되면 유아 스스로 모루로 꽃의 줄기를 붙여 보라고 한다.
- 수행되면 교사가 가위를 사용하여 색종이로 잎을 오려 붙이는 시범을 보인다.
- 유아에게 교사를 모방하여 가위를 사용하여 색종이로 잎을 오려 붙여 보라고 한다.
- 붙이지 못하면 교사가 종이컵의 잘린 면을 펼쳐 꽃잎 모양으로 만드는 것을 지도한 것과 같은 방법으로 지도한다.
- 수행되면 유아 스스로 가위를 사용하여 색종이로 잎을 오려 붙여 보라고 한다.
- 수행되면 교사가 나비를 꽃 주변에 붙여 꽃밭을 완성하는 시범을 보인다.
- 유아에게 교사를 모방하여 나비를 꽃 주변에 붙여 꽃밭을 완성해 보라고 한다.
- 붙이지 못하면 교사가 종이컵의 잘린 면을 펼쳐 꽃잎 모양으로 만드는 것을 지도한 것과 같은 방법으로 지도한다.
- 수행되면 유아 스스로 나비를 꽃 주변에 붙여 꽃밭을 완성해 보라고 한다.
- 수행되면 유아의 특성에 맞는 적절한 강화제를 제공한다.

☞ 유아의 상태에 따라 종이컵에 눈알을 붙여 꽃의 얼굴을 꾸며 보게 하거나 교사가 직접 꾸며 주면 유아의 흥미를 끌 수 있어 효과적이다.

☞ 유아의 상태에 따라 각 단계를 합쳐(예: 가위를 사용하여 색종이로 잎을 오려 붙인다.) 주거나 분리(예: 가위를 사용하여 색종이로 잎을 오린다. / 잎을 줄기에 붙인다.)시켜 주어도 무방하다.

준비물

자른 종이컵 도화지에 붙이기

색종이로 오린 잎 풀칠하기

줄기에 잎 붙이기

6~7
세

완성된 꽃밭

나비 스티커 등을 붙여 꾸미기

* 사진 출처: 렁 트리오 재구성

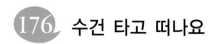

176 수건 타고 떠나요 6~7세

목표 | 큰 수건을 끌어 또래를 태워 줄 수 있다.
자료 | 큰 수건, 작은 모포나 이불, 강화제

방법 ❶

- 교사가 큰 수건에 유아를 앉게 한 후 수건을 잡고 끌어 주는 시범을 보인다.
- 유아에게 교사를 모방하여 큰 수건에 또래를 앉게 한 후 수건을 잡고 끌어 보라고 한다.
- 수행되면 유아 스스로 큰 수건에 또래를 앉게 한 후 수건을 잡고 끌어 보라고 한다.
- 수행되면 유아의 특성에 맞는 적절한 강화제를 제공한다.

방법 ❷

- 교사가 큰 수건에 유아를 앉게 한 후 수건을 잡고 끌어 주는 시범을 보인다.
- 유아에게 교사를 모방하여 큰 수건에 또래를 앉게 한 후 수건을 잡고 끌어 보라고 한다.
- 끌지 못하면 교사가 큰 수건에 또래를 앉게 한 후 유아의 손을 잡고 수건을 잡아 끌어 준다.
- 교사가 큰 수건에 또래를 앉게 한 후 유아의 손을 잡고 수건을 잡아 끌어 주다가 유아에게 끌어 보라고 한다.
- 끌지 못하면 교사가 큰 수건에 또래를 앉게 한 후 유아의 손을 잡고 수건을 잡아 끄는 동작을 반복해 준다.
- 교사가 큰 수건에 또래를 앉게 한 후 유아의 손을 수건에 대 준 후 유아에게 끌어 보라고 한다.

- 도움을 점차 줄여 간다.
- 수행되면 유아 스스로 큰 수건에 또래를 앉게 한 후 수건을 잡고 끌어 보라고 한다.
- 수행되면 유아의 특성에 맞는 적절한 강화제를 제공한다.

☞ 이 시기의 유아들이 매우 좋아하는 놀이로 사회성을 키울 수 있으며, 번갈아 하므로 자연스럽게 순서를 익히는 것도 가능하다.

큰 수건 준비

교사가 유아를 수건에 앉혀 수건 끄는 시범

교사가 또래를 수건에 앉힌 후
유아의 손을 잡고 수건을 끄는 시범

교사가 또래를 수건에 앉힌 후
유아의 손을 수건에 대 주기

유아가 또래를 수건에 앉혀 수건 끌기

유아가 또래를 수건에 앉혀 수건 끌기

* 사진 출처: 렁 트리오 재구성

177 일회용 접시로 수박 만들기 2 〔6~7세〕

목표 | 일회용 접시로 수박을 만들 수 있다.

자료 | 일회용 접시, 붓, 물감(빨간색, 초록색), 스탬프, 강화제

방법 ❶

• 교사가 일회용 접시를 반으로 잘라 제시한다.

• 교사가 반으로 잘린 접시의 안쪽에 빨간색 물감을 짠 후 붓으로 칠하는 시범을 보인다.

• 유아에게 교사를 모방하여 반으로 잘린 접시의 안쪽에 빨간색 물감을 짠 후 붓으로 칠해 보라고 한다.

• 수행되면 유아 스스로 반으로 잘린 접시의 안쪽에 빨간색 물감을 짠 후 붓으로 칠해 보라고 한다.

• 수행되면 교사가 빨간색 물감이 칠해진 종이접시의 바깥쪽에 초록색 물감을 짠 후 붓으로 칠하는 시범을 보인다.

• 유아에게 교사를 모방하여 빨간색 물감이 칠해진 종이접시의 바깥쪽에 초록색 물감을 짠 후 붓으로 칠해 보라고 한다.

• 수행되면 유아 스스로 빨간색 물감이 칠해진 종이접시의 바깥쪽에 초록색 물감을 짠 후 붓으로 칠해 보라고 한다.

• 수행되면 교사가 종이접시 안쪽의 빨간색 위에 검정색 스탬프를 찍어 수박씨를 만드는 시범을 보인다.

• 유아에게 교사를 모방하여 종이접시 안쪽의 빨간색 위에 검정색 스탬프를 찍어 수박씨를 만들어 보라고 한다.

• 수행되면 유아 스스로 종이접시 안쪽의 빨간색 위에 검정색 스탬프를 찍어 수박씨를 만들어 보라고 한다.

- 수행되면 유아의 특성에 맞는 적절한 강화제를 제공한다.

방법 ❷

- 교사가 일회용 접시를 반으로 잘라 제시한다.
- 교사가 반으로 잘린 접시의 안쪽에 빨간색 물감을 짜는 시범을 보인다.
- 유아에게 교사를 모방하여 반으로 잘린 접시의 안쪽에 빨간색 물감을 짜 보라고 한다.
- 짜지 못하면 교사가 유아의 손을 잡고 반으로 잘린 접시의 안쪽에 빨간색 물감을 짜 준다.
- 교사가 유아의 손을 잡고 반으로 잘린 접시의 안쪽에 빨간색 물감을 짜 주다가 유아에게 짜 보라고 한다.
- 짜지 못하면 교사가 유아의 손을 잡고 반으로 잘린 접시의 안쪽에 빨간색 물감을 짜는 동작을 반복해 준다.
- 교사가 빨간색 물감을 유아의 손에 쥐어 준 후 반으로 잘린 접시의 안쪽에 짜 보라고 한다.
- 도움을 점차 줄여 간다.
- 수행되면 유아 스스로 반으로 잘린 접시의 안쪽에 빨간색 물감을 짜 보라고 한다.
- 수행되면 교사가 반으로 잘린 접시의 안쪽에 붓으로 빨간색 물감을 칠하는 시범을 보인다.
- 유아에게 교사를 모방하여 반으로 잘린 접시의 안쪽에 붓으로 빨간색 물감을 칠해 보라고 한다.
- 칠하지 못하면 교사가 유아의 손을 잡고 반으로 잘린 접시의 안쪽에 붓으로 빨간색 물감을 칠해 준다.
- 교사가 유아의 손을 잡고 반으로 잘린 접시의 안쪽에 붓으로 빨간색 물감을 칠해 주다가 유아에게 칠해 보라고 한다.
- 칠하지 못하면 교사가 유아의 손을 잡고 반으로 잘린 접시의 안쪽에 붓으로 빨간

색 물감을 칠하는 동작을 반복해 준다.

- 교사가 붓을 잡은 유아의 손을 빨간색 물감에 대 준 후 유아에게 칠해 보라고 한다.
- 도움을 점차 줄여 간다.
- 수행되면 유아 스스로 반으로 잘린 접시의 안쪽에 붓으로 빨간색 물감을 칠해 보라고 한다.
- 수행되면 교사가 반으로 잘린 접시의 바깥쪽에 초록색 물감을 짜는 시범을 보인다.
- 유아에게 교사를 모방하여 반으로 잘린 접시의 바깥쪽에 초록색 물감을 짜 보라고 한다.
- 짜지 못하면 교사가 반으로 잘린 접시의 안쪽에 빨간색 물감을 짜는 것을 지도한 것과 같은 방법으로 지도한다.
- 수행되면 유아 스스로 반으로 잘린 접시의 바깥쪽에 초록색 물감을 짜 보라고 한다.
- 수행되면 교사가 반으로 잘린 접시의 바깥쪽에 붓으로 초록색 물감을 칠하는 시범을 보인다.
- 유아에게 교사를 모방하여 반으로 잘린 접시의 바깥쪽에 붓으로 초록색 물감을 칠해 보라고 한다.
- 칠하지 못하면 교사가 반으로 잘린 접시의 안쪽에 빨간색 물감을 칠하는 것을 지도한 것과 같은 방법으로 지도한다.
- 수행되면 유아 스스로 빨간색 물감이 칠해진 종이접시의 바깥쪽에 초록색 물감을 짠 후 붓으로 칠해 보라고 한다.
- 수행되면 교사가 종이접시 안쪽의 빨간색 위에 검정색 스탬프를 찍어 수박씨를 만드는 시범을 보인다.
- 유아에게 교사를 모방하여 종이접시 안쪽의 빨간색 위에 검정색 스탬프를 찍어 수박씨를 만들어 보라고 한다.

- 찍지 못하면 교사가 반으로 잘린 접시의 안쪽에 빨간색 물감을 칠하는 것을 지도한 것과 같은 방법으로 지도한다.
- 수행되면 유아 스스로 종이접시 안쪽의 빨간색 위에 검정색 스탬프를 찍어 수박씨를 만들어 보라고 한다.
- 수행되면 유아의 특성에 맞는 적절한 강화제를 제공한다.

☞ 검정색 스탬프 대신 검정색 스티커를 사용하여 수박씨를 붙이도록 지도해도 무방하다.

일회용 접시, 물감, 붓, 검정 스탬프(검정 스티커)

교사가 유아의 손에 빨간색 물감 쥐어 주기

교사가 유아의 손잡고 물감 짜기

종이접시에 스스로 물감 짜기

6~7
세

붓으로 빨간색 물감 칠하기

붓으로 빨간색 물감 칠하기

수박처럼 칠해진 모양

스탬프 열기

수박 가까이 스탬프 대기

스탬프 찍기

완성된 모양

완성된 모양

* 사진 출처: 령 트리오 재구성

애벌레 만들기   6~7세

목표 | 종이접시로 애벌레를 만들 수 있다.
자료 | 종이접시, 가위, 풀, 색종이, 나무젓가락, 눈알, 물감, 붓, 물, 팔레트, 강화제

방법 ❶

- 교사가 종이접시에 애벌레를 모양을 오릴 수 있도록 선을 그어 제시한다.
- 교사가 종이접시에 그어진 선을 따라 애벌레를 오리는 시범을 보인다.
- 유아에게 교사를 모방하여 종이접시에 그어진 선을 따라 애벌레를 오려 보라고 한다.
- 수행되면 유아 스스로 종이접시에 그어진 선을 따라 애벌레를 오려 보라고 한다.
- 수행되면 교사가 오린 애벌레에 다양한 색상의 물감을 칠하는 시범을 보인다.
- 유아에게 교사를 모방하여 오린 애벌레에 다양한 색상의 물감을 칠해 보라고 한다.
- 수행되면 유아 스스로 오린 애벌레에 다양한 색상의 물감을 칠해 보라고 한다.
- 수행되면 교사가 애벌레 얼굴 모양을 색종이에 그린 후 오리는 시범을 보인다.
- 교사가 애벌레 얼굴 모양을 색종이에 그려 준 후 유아에게 교사를 모방하여 오려 보라고 한다.
- 수행되면 유아 스스로 애벌레 얼굴 모양을 오려 보라고 한다.
- 수행되면 교사가 애벌레 눈과 입을 색종이에 그리고 오린 다음 애벌레 얼굴에 붙이는 시범을 보인다.
- 유아에게 교사를 모방하여 애벌레 눈과 입을 색종이에 그리고 오린 다음 애벌레 얼굴에 붙여 보라고 한다.
- 수행되면 교사가 애벌레에 애벌레 얼굴을 붙인 후 애벌레 몸에 나무젓가락을 붙여 완성하는 시범을 보인다.
- 유아에게 교사를 모방하여 애벌레에 애벌레 얼굴을 붙인 후 애벌레 몸에 나무젓가락을 붙여 완성해 보라고 한다.
- 수행되면 유아 스스로 애벌레에 애벌레 얼굴을 붙인 후 애벌레 몸에 나무젓가락

6~7
세

을 붙여 완성해 보라고 한다.
- 수행되면 유아의 특성에 맞는 적절한 강화제를 제공한다.

방법 ❷
- 교사가 종이접시에 애벌레 모양으로 오릴 수 있도록 선을 그어 제시한다.
- 교사가 종이접시에 그어진 선을 따라 애벌레를 오리는 시범을 보인다.
- 유아에게 교사를 모방하여 종이접시에 그어진 선을 따라 애벌레를 오려 보라고 한다.
- 오리지 못하면 교사가 유아의 손을 잡고 종이접시에 그어진 선을 따라 애벌레를 오려 준다.
- 교사가 가위에 유아의 손가락을 끼워 준 후 애벌레를 오려 보라고 한다.
- 오리지 못하면 교사가 유아의 손을 잡고 종이접시에 그어진 선을 따라 애벌레를 오리는 동작을 반복해 준다.
- 교사가 유아의 손을 잡고 종이접시에 그어진 선을 따라 애벌레를 오려 주다가 유아에게 오려 보라고 한다.
- 도움을 점차 줄여 간다.
- 수행되면 유아 스스로 종이접시에 그어진 선을 따라 애벌레를 오려 보라고 한다.
- 수행되면 교사가 오린 애벌레에 다양한 색상의 물감을 칠하는 시범을 보인다.
- 유아에게 교사를 모방하여 오린 애벌레에 다양한 색상의 물감을 칠해 보라고 한다.
- 칠하지 못하면 교사가 유아의 손을 잡고 애벌레에 다양한 색상의 물감을 칠해 준다.
- 교사가 붓에 물감을 묻혀 준 후 유아에게 애벌레에 칠해 보라고 한다.
- 칠하지 못하면 교사가 유아의 손을 잡고 애벌레에 다양한 색상의 물감을 칠하는 동작을 반복해 준다.
- 교사가 유아의 손을 잡고 애벌레에 물감을 칠해 주다가 유아에게 칠해 보라고 한다.
- 도움을 점차 줄여 간다.
- 수행되면 유아 스스로 애벌레에 다양한 색상의 물감을 칠해 보라고 한다.
- 수행되면 교사가 애벌레 얼굴 모양을 색종이에 그린 후 오리는 시범을 보인다.
- 교사가 애벌레 얼굴 모양을 색종이에 그려 준 후 유아에게 교사를 모방하여 오려

보라고 한다.

- 오리지 못하면 교사가 유아의 손을 잡고 애벌레에 다양한 색상의 물감을 칠하는 것을 지도한 것과 같은 방법으로 지도한다.
- 수행되면 유아 스스로 애벌레 얼굴 모양을 오려 보라고 한다.
- 수행되면 교사가 애벌레 눈과 입을 색종이에 그린 후 오린 다음 애벌레 얼굴에 붙이는 시범을 보인다.
- 유아에게 교사를 모방하여 애벌레 눈과 입을 색종이에 그린 후 오린 다음 애벌레 얼굴에 붙여 보라고 한다.
- 수행되면 교사가 애벌레 눈과 입을 색종이에 그린 후 오리는 시범을 보인다.
- 유아에게 교사를 모방하여 애벌레 눈과 입을 색종이에 그린 후 오려 보라고 한다.
- 오리지 못하면 교사가 유아의 손을 잡고 애벌레에 다양한 색상의 물감을 칠하는 것을 지도한 것과 같은 방법으로 지도한다.
- 수행되면 유아 스스로 애벌레 눈과 입을 색종이에 그린 후 오려 보라고 한다.
- 수행되면 교사가 애벌레에 눈과 입을 붙이는 시범을 보인다.
- 유아에게 교사를 모방하여 애벌레에 눈과 입을 붙여 보라고 한다.
- 붙이지 못하면 교사가 유아의 손을 잡고 애벌레에 다양한 색상의 물감을 칠하는 것을 지도한 것과 같은 방법으로 지도한다.
- 수행되면 유아 스스로 애벌레에 눈과 입을 붙여 보라고 한다.
- 수행되면 교사가 애벌레에 애벌레 얼굴을 붙이는 시범을 보인다.
- 유아에게 교사를 모방하여 애벌레에 애벌레 얼굴을 붙여 보라고 한다.
- 붙이지 못하면 교사가 유아의 손을 잡고 애벌레에 다양한 색상의 물감을 칠하는 것을 지도한 것과 같은 방법으로 지도한다.
- 수행되면 유아 스스로 애벌레에 애벌레 얼굴을 붙여 보라고 한다.
- 수행되면 교사가 애벌레 몸에 나무젓가락을 붙여 애벌레를 완성하는 시범을 보인다.
- 유아에게 교사를 모방하여 애벌레 몸에 나무젓가락을 붙여 애벌레를 완성해 보라고 한다.

- 하지 못하면 교사가 유아의 손을 잡고 애벌레에 다양한 색상의 물감을 칠하는 것을 지도한 것과 같은 방법으로 지도한다.
- 수행되면 유아 스스로 애벌레 몸에 나무젓가락을 붙여 애벌레를 완성해 보라고 한다.
- 수행되면 유아의 특성에 맞는 적절한 강화제를 제공한다.

☞ 유아의 상태에 따라 단계를 적절하게 조정하여 지도하도록 한다.

☞ 색종이로 눈을 오려서 붙이는 것보다 시판하는 눈알을 구입하여 애벌레 눈에 붙이면 생동감 있는 애벌레를 만들 수 있으니 참고하기 바란다.

8. 애벌레
기본준비물
가위, 풀, 색종이
종이접시 1개
추가 : 물감

6~7
세

* 사진 출처: 령 트리오 재구성

271

나무 꾸미기 6~7세

목표 | 나무를 꾸밀 수 있다.

자료 | 캔버스(하드보드지 1/2), 아크릴물감, 붓, 면봉, 강화제

방법 ❶

- 교사가 붓으로 손과 팔에 색칠을 한 후 캔버스(하드보드지 1/2)에 찍는 시범을 보인다.
- 교사가 유아의 손과 팔에 붓으로 색칠을 해 준 후 유아에게 캔버스에 찍어 보라고 한다.
- 수행되면 교사가 유아의 손과 팔에 붓으로 색칠을 해 준 후 유아 스스로 캔버스에 찍어 보라고 한다.
- 수행되면 교사가 캔버스에 찍힌 나무 주변을 꾸미는 시범을 보인다.
- 유아에게 교사를 모방하여 캔버스에 찍힌 나무 주변을 꾸며 보라고 한다.
- 수행되면 유아 스스로 캔버스에 찍힌 나무 주변을 꾸며 보라고 한다.
- 수행되면 유아의 특성에 맞는 적절한 강화제를 제공한다.

방법 ❷

- 교사가 붓으로 손과 팔에 색칠을 한 후 캔버스(하드보드지 1/2)에 찍는 시범을 보인다.
- 교사가 유아의 손과 팔에 붓으로 색칠을 해 준 후 유아에게 캔버스에 찍어 보라고 한다.
- 찍지 못하면 교사가 유아의 손을 잡고 캔버스에 찍어 준다.
- 교사가 유아의 손을 캔버스에 대 준 후 찍어 보라고 한다.
- 찍지 못하면 교사가 유아의 손을 잡고 캔버스에 찍어 주는 동작을 반복해 준다.
- 교사가 캔버스를 가리키며 유아에게 손을 찍어 보라고 한다.
- 도움을 점차 줄여 간다.
- 수행되면 유아 스스로 캔버스에 손을 찍어 보라고 한다.
- 수행되면 교사가 캔버스에 찍힌 나무 주변을 꾸미는 시범을 보인다.

- 유아에게 교사를 모방하여 캔버스에 찍힌 나무 주변을 꾸며 보라고 한다.
- 꾸미지 못하면 교사가 유아의 손을 잡고 나무 주변을 꾸며 준다.
- 교사가 유아의 손을 나무 주변에 대 준 후 나무를 꾸며 보라고 한다.
- 꾸미지 못하면 교사가 유아의 손을 잡고 나무 주변을 꾸며 주는 동작을 반복해 준다.
- 교사가 나무 주변을 가리키며 유아에게 꾸며 보라고 한다.
- 도움을 점차 줄여 간다.
- 수행되면 유아 스스로 나무 주변을 꾸며 보라고 한다.
- 수행되면 유아의 특성에 맞는 적절한 강화제를 제공한다.

캔버스, 아크릴물감, 면봉

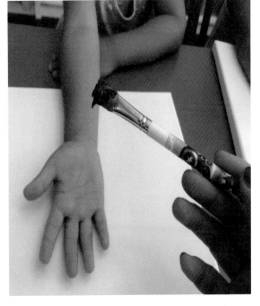

교사가 유아의 손과 팔에 물감 칠해 주기

손과 팔에 물감이 칠해진 상태

손과 팔에 물감이 칠해진 상태

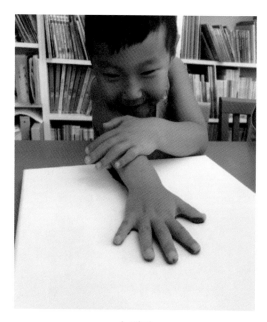

손 찍기

캔버스에 손을 찍은 모양

나무 주변 꾸미기

나무 주변 꾸미기

완성된 모습

완성된 모습

* 사진 출처: 령 트리오 재구성

180. 수수깡으로 사자 얼굴 꾸미기 6~7세

목표 ┃ 수수깡으로 사자 얼굴을 꾸밀 수 있다.
자료 ┃ 수수깡, 칼, 본드, 스케치북, 강화제

방법 ❶

- 교사가 칼로 수수깡을 적당한 크기로 잘라 제공한다.
- 교사가 스케치북에 사자의 얼굴을 그린 후 수수깡에 본드를 칠해 사자 얼굴 주변을 꾸미는 시범을 보인다.
- 유아에게 교사를 모방하여 스케치북에 사자의 얼굴을 그린 후 수수깡에 본드를 칠해 사자 얼굴 주변을 꾸며 보라고 한다.
- 수행되면 유아 스스로 스케치북에 사자의 얼굴을 그린 후 수수깡에 본드를 칠해 사자 얼굴 주변을 꾸며 보라고 한다.
- 수행되면 유아의 특성에 맞는 적절한 강화제를 제공한다.

방법 ❷

- 교사가 칼로 수수깡을 적당한 크기로 잘라 제공한다.
- 교사가 스케치북에 사자의 얼굴을 그리는 시범을 보인다.
- 유아에게 교사를 모방하여 스케치북에 사자의 얼굴을 그려 보라고 한다.
- 그리지 못하면 교사가 유아의 손을 잡고 스케치북에 사자의 얼굴을 그려 준다.
- 교사가 동그라미를 그려 준 후 유아에게 동그라미 안에 눈, 코, 입을 그려 보라고 한다.
- 그리지 못하면 교사가 유아의 손을 잡고 스케치북에 사자의 얼굴을 그려 주는 동작을 반복해 준다.
- 도움을 점차 줄여 간다.

- 수행되면 유아 스스로 스케치북에 사자의 얼굴을 그려 보라고 한다.
- 수행되면 교사가 수수깡에 본드를 칠해 사자 얼굴 주변을 꾸미는 시범을 보인다.
- 유아에게 교사를 모방하여 수수깡에 본드를 칠해 사자 얼굴 주변을 꾸며 보라고 한다.
- 꾸미지 못하면 교사가 유아의 손을 잡고 수수깡에 본드를 칠해 사자 얼굴 주변을 꾸며 준다.
- 교사가 수수깡에 본드를 칠해 유아와 함께 사자 얼굴 주변을 꾸며 주다가 유아에게 꾸며 보라고 한다.
- 꾸미지 못하면 교사가 유아의 손을 잡고 수수깡에 본드를 칠해 사자 얼굴 주변을 꾸며 주는 동작을 반복해 준다.
- 교사가 수수깡에 본드를 칠해 사자 얼굴 주변을 3/4 꾸며 주다가 유아에게 꾸며 보라고 한다.
- 수행되면 교사가 수수깡에 본드를 칠해 사자 얼굴 주변을 2/4 꾸며 주다가 유아에게 꾸며 보라고 한다.
- 수행되면 교사가 수수깡에 본드를 칠해 사자 얼굴 주변을 1/4 꾸며 주다가 유아에게 꾸며 보라고 한다.
- 도움을 점차 줄여 간다.
- 수행되면 유아 스스로 수수깡에 본드를 칠해 사자 얼굴 주변을 꾸며 보라고 한다.
- 수행되면 유아의 특성에 맞는 적절한 강화제를 제공한다.

6~7
세

수수깡, 본드

사자 꾸미기

사자 꾸미기

완성된 사자

*사진 출처: 령 트리오 재구성

181 병원 놀이

목표 | 병원 놀이를 한다.

자료 | 의사 가운, 간호사 가운, 청진기, 주사, 강화제

방법 ❶

- 교사가 의사 가운을 입은 후 청진기를 귀에 꽂은 다음 청진기 끝을 유아의 가슴에 대고 진찰하는 모습의 시범을 보인다.

- 유아에게 교사를 모방하여 의사 가운을 입은 후 청진기를 귀에 꽂은 다음 청진기 끝을 교사의 가슴에 대고 진찰을 해 보라고 한다.

- 수행되면 유아 스스로 의사 가운을 입은 후 청진기를 귀에 꽂은 다음 청진기 끝을 교사의 가슴에 대고 진찰을 해 보라고 한다.

- 수행되면 교사가 간호사 가운을 입은 후 주사기를 가지고 다른 유아의 엉덩이에 주사를 놓는 모습의 시범을 보인다.

- 유아에게 교사를 모방하여 간호사 가운을 입은 후 주사기를 가지고 다른 유아의 엉덩이에 주사를 놓아 보라고 한다.

- 수행되면 유아 스스로 간호사 가운을 입은 후 주사기를 가지고 다른 유아의 엉덩이에 주사를 놓아 보라고 한다.

- 수행되면 유아의 특성에 맞는 적절한 강화제를 제공한다.

방법 ❷

- 교사가 의사 가운을 입은 후 청진기를 귀에 꽂는 시범을 보인다.

- 유아에게 교사를 모방하여 의사 가운을 입은 후 청진기를 귀에 꽂아 보라고 한다.

- 하지 못하면 교사가 유아에게 의사 가운을 입으라고 한 후 유아의 손을 잡고 청진기를 귀에 꽂아 준다.

- 교사가 유아의 손에 청진기를 쥐어 준 후 귀에 꽂아 보라고 한다.
- 하지 못하면 교사가 유아에게 의사 가운을 입으라고 한 후 유아의 손을 잡고 청진 기를 귀에 꽂는 동작을 반복해 준다.
- 교사가 유아의 귀를 가리키며 유아에게 청진기를 귀에 꽂아 보라고 한다.
- 도움을 점차 줄여 간다.
- 수행되면 유아 스스로 의사 가운을 입은 후 청진기를 귀에 꽂아 보라고 한다.
- 수행되면 교사가 청진기 끝을 유아의 가슴에 대고 진찰을 하는 시범을 보인다.
- 유아에게 교사를 모방하여 청진기 끝을 교사의 가슴에 대고 진찰을 해 보라고 한다.
- 하지 못하면 교사가 유아의 손을 잡고 청진기 끝을 교사의 가슴에 대 준 후 진찰 을 하게 해 준다.
- 교사가 유아의 손에 청진기를 쥐어 준 후 청진기 끝을 교사의 가슴에 대고 진찰을 해 보라고 한다.
- 하지 못하면 교사가 유아의 손을 잡고 청진기 끝을 교사의 가슴에 대 준 후 진찰 을 하는 동작을 반복해 준다.
- 교사가 교사의 가슴을 가리키며 유아에게 청진기로 진찰을 해 보라고 한다.
- 도움을 점차 줄여 간다.
- 수행되면 유아 스스로 청진기를 가지고 교사의 가슴에 진찰을 해 보라고 한다.
- 수행되면 교사가 간호사 가운을 입은 후 주사기를 가지고 다른 유아의 엉덩이에 주사를 놓는 모습의 시범을 보인다.
- 유아에게 교사를 모방하여 간호사 가운을 입은 후 주사기를 가지고 다른 유아의 엉덩이에 주사를 놓아 보라고 한다.
- 하지 못하면 교사가 유아에게 의사 가운을 입으라고 한 후 유아의 손을 잡고 청진 기를 귀에 꽂아 준다.
- 교사가 유아의 손에 청진기를 쥐어 준 후 귀에 꽂아 보라고 한다.
- 하지 못하면 교사가 유아에게 의사 가운을 입으라고 한 후 유아의 손을 잡고 청진 기를 귀에 꽂는 동작을 반복해 준다.

- 교사가 유아의 귀를 가리키며 유아에게 청진기를 귀에 꽂아 보라고 한다.
- 도움을 점차 줄여 간다.
- 수행되면 유아 스스로 간호사 가운을 입은 후 주사기를 가지고 다른 유아의 엉덩이에 주사를 놓아 보라고 한다.
- 수행되면 유아의 특성에 맞는 적절한 강화제를 제공한다.

6~7
세

182 포일 그림 그리기   6~7세

목표 | 포일(호일)에 그림을 그려 찍어 낼 수 있다.

자료 | 아크릴물감, 스펀지 모양 붓, 물, 도화지, 은박 포일, 종이접시, 빈 박스, 강화제

방법 ❶

- 교사가 포일을 적당하게 구겨 빈 박스(예: 시리얼 빈 박스)를 감싸는 시범을 보인다.
- 유아에게 교사를 모방하여 포일을 적당하게 구겨 빈 박스를 감싸 보라고 한다.
- 수행되면 유아 스스로 포일을 적당하게 구겨 빈 박스를 감싸 보라고 한다.
- 수행되면 교사가 스펀지 모양 붓에 물감을 묻혀 포일에 칠하는 시범을 보인다.
- 유아에게 교사를 모방하여 스펀지 모양 붓에 물감을 묻혀 포일에 칠해 보라고 한다.
- 수행되면 유아 스스로 스펀지 모양 붓에 물감을 묻혀 포일에 칠해 보라고 한다.
- 수행되면 교사가 물감이 칠해진 포일에 도화지를 덮어 손으로 전체를 누른 후 도화지를 떼서 그림을 완성하는 시범을 보인다.
- 유아에게 교사를 모방하여 물감이 칠해진 포일에 도화지를 덮어 손으로 전체를 누른 후 도화지를 떼서 그림을 완성해 보라고 한다.
- 수행되면 유아 스스로 물감이 칠해진 포일에 도화지를 덮어 손으로 전체를 누른 후 도화지를 떼서 그림을 완성해 보라고 한다.
- 수행되면 유아의 특성에 맞는 적절한 강화제를 제공한다.

방법 ❷

- 교사가 포일을 적당하게 구겨 빈 박스(예: 시리얼 빈 박스)를 감싸는 시범을 보인다.
- 유아에게 교사를 모방하여 포일을 적당하게 구겨 빈 박스를 감싸 보라고 한다.
- 감싸지 못하면 교사가 유아의 손을 잡고 포일을 적당하게 구겨 빈 박스를 감싸 준다.
- 교사가 유아의 손을 잡고 포일을 적당하게 구겨 준 후 유아와 포일로 빈 박스를

감싸다가 나머지를 유아에게 감싸 보라고 한다.

- 감싸지 못하면 교사가 유아의 손을 잡고 포일을 적당하게 구겨 빈 박스를 감싸는 동작을 반복해 준다.
- 교사가 유아의 손을 잡고 포일을 적당하게 구겨 준 후 유아에게 포일로 빈 박스를 감싸 보라고 한다.
- 도움을 점차 줄여 간다.
- 수행되면 유아 스스로 포일을 적당하게 구겨 빈 박스를 감싸 보라고 한다.
- 수행되면 교사가 스펀지 모양 붓에 물감을 묻혀 포일에 칠하는 시범을 보인다.
- 유아에게 교사를 모방하여 스펀지 모양 붓에 물감을 묻혀 포일에 칠해 보라고 한다.
- 하지 못하면 교사가 유아의 손을 잡고 스펀지 모양 붓에 물감을 묻혀 포일에 칠해 준다.
- 교사가 유아의 손을 잡고 스펀지 모양 붓에 물감을 묻혀 준 후 유아에게 포일에 칠해 보라고 한다.
- 하지 못하면 교사가 유아의 손을 잡고 스펀지 모양 붓에 물감을 묻혀 포일에 칠하는 동작을 반복해 준다.
- 교사가 유아의 손을 잡고 스펀지 모양 붓에 물감을 묻혀 포일에 칠해 주다가 나머지는 유아에게 칠해 보라고 한다.
- 수행되면 교사가 유아의 손을 잡고 스펀지 모양 붓에 물감을 묻혀 준 후 유아에게 포일에 칠해 보라고 한다.
- 도움을 점차 줄여 간다.
- 수행되면 유아 스스로 스펀지 모양 붓에 물감을 묻혀 포일에 칠해 보라고 한다.
- 수행되면 교사가 물감이 칠해진 포일에 도화지를 덮어 손으로 전체를 누른 후 도화지를 떼서 그림을 완성하는 시범을 보인다.
- 유아에게 교사를 모방하여 물감이 칠해진 포일에 도화지를 덮어 손으로 전체를 누른 후 도화지를 떼서 그림을 완성해 보라고 한다.
- 하지 못하면 포일을 적당하게 구겨 빈 박스를 감싸는 것을 지도한 것과 같은 방법

6~7
세

으로 지도한다.

• 수행되면 유아의 특성에 맞는 적절한 강화제를 제공한다.

☞ 은박 포일은 구기는 모양대로 다양한 그림이 나타나므로 포일을 살짝 구겨서 박스를 감싸도록 한다.

☞ 일반적으로 시리얼 빈 박스가 구하기 쉽고 유아들에게 적절하니 참고하기 바란다.

☞ 스펀지 모양 붓은 다양할수록 좋고 스펀지 모양 붓이 없으면 롤러나 일반 붓을 활용할 수 있다.

☞ 아크릴물감 대신 일반 물감을 사용해도 무방하다.

자료 제시

시리얼 빈 박스를 포일로 싸기

빈 박스를 포일로 감싼 모양

물감 묻히기

6~7
세

스펀지 모양 붓으로 포일에 칠하기

스펀지 모양 붓으로 포일에 칠하기

포일에 묻혀진 물감

물감 위에 도화지 덮기

덮어진 도화지 손으로 누르기

도화지 펼치기

완성된 그림의 예

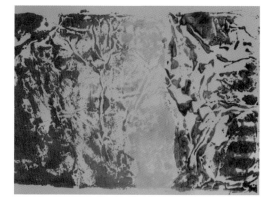

완성된 그림의 예

* 사진 출처: 렁 트리오 재구성

183 토끼 만들기

목표 | 종이접시로 토끼를 만들 수 있다.

자료 | 종이접시, 가위, 풀, 색종이, 눈알, 색연필, 스틱(나무젓가락), 강화제

방법 ❶

- 교사가 두 개의 종이접시에 각각 토끼 얼굴을 그려 놓는다.
- 교사가 색종이에 토끼 귀와 입을 그린 후 가위로 오리는 시범을 보인다.
- 교사가 색종이에 토끼 귀와 입을 그려 준 후 유아에게 교사를 모방하여 가위로 오려 보라고 한다.
- 수행되면 교사가 색종이에 토끼 귀와 입을 그려 준 후 유아 스스로 가위로 오려 보라고 한다.
- 수행되면 교사가 종이접시에 그려진 토끼 귀에 색종이로 오린 토끼 귀를 붙인 후 토끼 얼굴에 눈알과 오린 입을 붙여 토끼 얼굴을 완성하는 시범을 보인다.
- 유아에게 토끼 얼굴이 그려진 종이접시를 제시한다.
- 유아에게 교사를 모방하여 토끼 귀에 색종이로 오린 토끼 귀를 붙인 다음 토끼 얼굴에 눈알과 오린 입을 붙여 토끼 얼굴을 완성해 보라고 한다.
- 수행되면 유아 스스로 종이접시에 그려진 토끼 귀에 색종이로 오린 토끼 귀를 붙인 후 토끼 얼굴에 눈알과 오린 입을 붙여 토끼 얼굴을 완성해 보라고 한다.
- 수행되면 교사가 토끼 입 밑에 스틱(나무젓가락)이 들어갈 정도 크기의 칼집을 낸 후 스틱을 칼집에 넣는 시범을 보인다.
- 교사가 토끼 입 밑에 스틱(나무젓가락)이 들어갈 정도 크기의 칼집을 내 준 후 유아에게 교사를 모방하여 스틱을 칼집에 넣어 보라고 한다.
- 수행되면 교사가 토끼 입 밑에 스틱(나무젓가락)이 들어갈 정도 크기의 칼집을 내 준 후 유아 스스로 스틱을 칼집에 넣어 보라고 한다.

- 수행되면 교사가 색종이에 당근을 그린 후 가위로 오려 스틱에 붙인 다음 스틱을 아래, 위로 움직이는 시범을 보인다.
- 교사가 색종이에 당근을 그려 제시한 후 유아에게 교사를 모방하여 색종이로 당근을 오려 스틱에 붙인 후 스틱을 아래, 위로 움직여 보라고 한다.
- 수행되면 유아 스스로 색종이로 당근을 오려 스틱에 붙인 후 스틱을 아래, 위로 움직여 보라고 한다.
- 수행되면 유아의 특성에 맞는 적절한 강화제를 제공한다.

방법 ❷

- 교사가 두 개의 종이접시에 각각 토끼 얼굴을 그려 놓는다.
- 교사가 색종이에 토끼 입을 그린 후 가위로 오리는 시범을 보인다.
- 교사가 색종이에 토끼 입을 그려 준 후 유아에게 교사를 모방하여 가위로 토끼 입을 오려 보라고 한다.
- 오리지 못하면 교사가 가위에 유아와 함께 손을 넣고 토끼 입을 오려 준다.
- 교사가 가위에 유아와 함께 손을 넣고 토끼 입을 1/2 정도 오려 주다가 나머지는 유아 스스로 오려 보라고 한다.
- 오리지 못하면 교사가 가위에 유아와 함께 손을 넣고 토끼 입을 오려 주는 동작을 반복해 준다.
- 교사가 가위를 잡은 유아의 손을 색종이에 대 준 후 유아에게 토끼 입을 오려 보라고 한다.
- 도움을 점차 줄여 간다.
- 수행되면 교사가 색종이에 토끼 입을 그려 준 후 유아 스스로 가위로 오려 보라고 한다.
- 수행되면 교사가 색종이에 토끼 귀를 그린 후 가위로 오리는 시범을 보인다.
- 교사가 색종이에 토끼 귀를 그려 준 후 유아에게 교사를 모방하여 가위로 토끼 귀를 오려 보라고 한다.

- 오리지 못하면 토끼 입을 오린 것을 지도한 것과 같은 방법으로 지도한다.
- 수행되면 교사가 종이접시에 그려진 토끼 귀에 색종이로 오린 토끼 귀를 붙이는 시범을 보인다.
- 유아에게 토끼 얼굴이 그려진 종이접시를 제시한다.
- 유아에게 교사를 모방하여 종이접시에 그려진 토끼 귀에 색종이로 오린 토끼 귀를 붙여 보라고 한다.
- 붙이지 못하면 교사가 유아의 손을 잡고 종이접시에 그려진 토끼 귀에 색종이로 오린 토끼 귀를 붙여 준다.
- 교사가 종이접시에 그려진 토끼 한쪽 귀에 색종이로 오린 토끼 귀를 붙여 준 후 유아에게 한쪽 귀를 붙여 보라고 한다.
- 붙이지 못하면 교사가 유아의 손을 잡고 종이접시에 그려진 토끼 귀에 색종이로 오린 토끼 귀를 붙이는 동작을 반복해 준다.
- 교사가 종이접시에 그려진 토끼 한쪽 귀에 색종이로 오린 토끼 귀를 대 준 후 유아에게 양쪽 귀를 붙여 보라고 한다.
- 도움을 점차 줄여 간다.
- 수행되면 유아 스스로 종이접시에 그려진 토끼 귀에 색종이로 오린 토끼 귀를 붙여 보라고 한다.
- 수행되면 교사가 토끼 얼굴에 눈알과 오린 입을 붙여 토끼 얼굴을 완성하는 시범을 보인다.
- 유아에게 교사를 모방하여 토끼 얼굴에 눈알과 오린 입을 붙여 토끼 얼굴을 완성해 보라고 한다.
- 하지 못하면 토끼 귀를 붙이는 것을 지도한 것과 같은 방법으로 지도한다.
- 수행되면 교사가 토끼 입 밑에 스틱(나무젓가락)이 들어갈 정도 크기의 칼집을 낸 후 스틱을 칼집에 넣는 시범을 보인다.
- 교사가 토끼 입 밑에 스틱(나무젓가락)이 들어갈 정도 크기의 칼집을 내 준 후 유아에게 교사를 모방하여 스틱을 칼집에 넣어 보라고 한다.

6~7
세

- 넣지 못하면 교사가 유아의 손을 잡고 칼집에 스틱을 넣어 준다.
- 교사가 스틱을 칼집에 대 준 후 유아에게 칼집에 스틱을 넣어 보라고 한다.
- 넣지 못하면 교사가 유아의 손을 잡고 칼집에 스틱을 넣어 주는 동작을 반복해 준다.
- 수행되면 교사가 색종이로 당근을 오려 스틱에 붙이는 시범을 보인다.
- 유아에게 교사를 모방하여 색종이로 당근을 오려 스틱에 붙여 보라고 한다.
- 붙이지 못하면 토끼 귀를 붙이는 것을 지도한 것과 같은 방법으로 지도한다.
- 수행되면 교사가 스틱을 아래, 위로 움직이는 시범을 보인다.
- 유아에게 교사를 모방하여 스틱을 아래, 위로 움직여 보라고 한다.
- 움직이지 못하면 교사가 유아의 손을 잡고 스틱을 아래, 위로 움직여 준다.
- 교사가 유아의 손을 잡고 스틱을 아래, 위로 움직여 주다가 유아에게 움직여 보라고 한다.
- 움직이지 못하면 교사가 유아의 손을 잡고 스틱을 아래, 위로 움직여 주는 동작을 반복해 준다.
- 교사가 유아의 손을 스틱에 대 준 후 유아에게 스틱을 아래, 위로 움직여 보라고 한다.
- 수행되면 유아 스스로 스틱을 아래, 위로 움직여 보라고 한다.
- 수행되면 유아의 특성에 맞는 적절한 강화제를 제공한다.

☞ 유아의 상태에 따라 교사가 칼집을 내 준다. 유아가 칼을 사용할 경우 위험하므로 교사가 반드시 지켜보도록 한다.

☞ 당근이 붙어 있는 스틱을 아래, 위로 움직여 주면 마치 토끼가 당근을 먹는 것처럼 보여 유아의 흥미를 유발할 수 있다.

기본 준비물

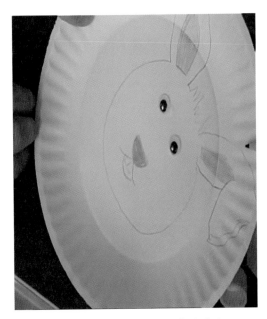

종이접시에 토끼 그려 눈알 붙이기

뒤에서 칼집 사이로 나무젓가락 넣어 당근 붙이기

나무젓가락을 밀어 당근이 올라간 모양

* 사진 출처: 렁 트리오 재구성

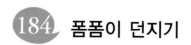 **폼폼이 던지기**

6~7세

목표 ┃ 거미줄에 폼폼이를 던질 수 있다.

자료 ┃ 테이프, 가위, 폼폼이, 강화제

방법 ❶

- 교사가 방문을 열고 문틀과 문틀 사이에 테이프를 길게 붙여 놓는다.
- 교사가 폼폼이를 방문과 일정한 거리를 두고 바닥에 뿌려 놓는다.
- 교사가 바닥에 놓인 폼폼이를 집어 테이프에 폼폼이를 던지는 시범을 보인다.
- 유아에게 교사를 모방하여 바닥에 놓인 폼폼이를 집어 테이프에 던져 보라고 한다.
- 수행되면 유아 스스로 바닥에 놓인 폼폼이를 집어 테이프에 던져 보라고 한다.
- 수행되면 유아의 특성에 맞는 적절한 강화제를 제공한다.

방법 ❷

- 교사가 방문을 열고 문틀과 문틀 사이에 테이프를 길게 붙여 놓는다.
- 교사가 폼폼이를 방문과 일정한 거리를 두고 바닥에 뿌려 놓는다.
- 교사가 바닥에 놓인 폼폼이를 집어 테이프에 폼폼이를 던지는 시범을 보인다.
- 유아에게 교사를 모방하여 바닥에 놓인 폼폼이를 집어 테이프에 던져 보라고 한다.
- 던지지 못하면 교사가 유아의 손을 잡고 바닥에 놓인 폼폼이를 집어 테이프에 던져 준다.
- 교사가 폼폼이를 유아의 손에 쥐어 준 후 유아에게 테이프에 던져 보라고 한다.
- 던지지 못하면 교사가 유아의 손을 잡고 바닥에 놓인 폼폼이를 집어 테이프에 던지는 동작을 반복해 준다.

- 교사가 바닥에 놓인 폼폼이를 가리키며 유아에게 집어 테이프에 던져 보라고 한다.
- 도움을 점차 줄여 간다.
- 수행되면 유아 스스로 바닥에 놓인 폼폼이를 집어 테이프에 던져 보라고 한다.
- 수행되면 유아의 특성에 맞는 적절한 강화제를 제공한다.

☞ 가능하면 투명 테이프보다 무늬나 색깔이 있는 테이프를 붙여 주면 테이프가 좀 더 눈에 잘 띄어 놀이를 수월하게 진행하는 데 도움이 된다.

☞ 테이프에 다양한 장식품(예: 나비, 거미, 꽃, 잠자리 등)을 붙여 주면 유아의 흥미를 끌 수 있다. 장식품은 시중에서 판매되는 모형이나 스티커를 구입해서 활용하면 되고, 구하기 힘든 경우 집에서 색종이로 모양을 그린 후 오려서 사용해도 무방하다.

☞ 유아의 상태에 따라 던지는 거리를 적절하게 조정해 주면 된다.

6~7 세

☞ 폼폼이 던지기 놀이는 대근육 활동에 매우 효과적이다.

바닥에 폼폼이 준비

폼폼이 던지기

폼폼이 던지기

폼폼이 던지기

테이프에 매달린 폼폼이

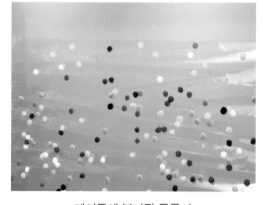

테이프에 붙여진 폼폼이

* 사진 출처: 렁 트리오 재구성

185. 종이접시로 퍼즐 만들기

6~7세

목표 | 종이접시로 퍼즐을 만들 수 있다.

자료 | 종이접시, 물감, 붓, 물, 가위, 강화제

방법 ❶

- 교사가 종이접시에 물감을 짠 후 붓으로 색칠을 하는 시범을 보인다.
- 유아에게 교사를 모방하여 종이접시에 물감을 짠 후 붓으로 색칠을 해 보라고 한다.
- 수행되면 유아 스스로 종이접시에 물감을 짠 후 붓으로 색칠을 해 보라고 한다.
- 수행되면 교사가 색칠된 종이접시에 선을 그려 제시한 후 가위로 선을 따라 자른 다음 퍼즐을 맞추는 시범을 보인다.
- 교사가 색칠된 종이접시에 선을 그려 제시한 후 유아에게 교사를 모방하여 가위로 선을 따라 자른 다음 퍼즐을 맞추어 보라고 한다.
- 수행되면 교사가 색칠된 종이접시에 선을 그려 제시한 후 유아 스스로 가위로 선을 따라 자른 다음 퍼즐을 맞추어 보라고 한다.
- 수행되면 유아의 특성에 맞는 적절한 강화제를 제공한다.

방법 ❷

- 교사가 종이접시에 물감을 짠 후 붓으로 색칠을 하는 시범을 보인다.
- 유아에게 교사를 모방하여 종이접시에 물감을 짠 후 붓으로 색칠을 해 보라고 한다.
- 칠하지 못하면 교사가 유아의 손을 잡고 붓으로 종이접시를 칠해 준다.
- 교사가 유아의 손을 잡고 붓으로 종이접시를 칠해 주다가 유아에게 칠해 보라고 한다.
- 칠하지 못하면 교사가 유아의 손을 잡고 붓으로 종이접시를 칠하는 동작을 반복해 준다.

6~7세

295

- 교사가 붓을 잡은 유아의 손을 종이접시에 대 준 후 유아에게 칠해 보라고 한다.
- 도움을 점차 줄여 간다.
- 수행되면 유아 스스로 종이접시에 물감을 짠 후 붓으로 색칠을 해 보라고 한다.
- 수행되면 교사가 색칠된 종이접시에 예를 들어 직선을 그려 준 후 가위로 선을 따라 자르는 시범을 보인다.
- 교사가 색칠된 종이접시에 직선을 그려 준 후 유아에게 교사를 모방하여 가위로 선을 따라 잘라 보라고 한다.
- 자르지 못하면 교사가 유아의 손을 잡고 교사가 그려 준 직선을 따라 가위로 잘라 준다.
- 교사가 유아의 손을 잡고 직선을 따라 잘라 주다가 유아에게 잘라 보라고 한다.
- 자르지 못하면 교사가 유아의 손을 잡고 교사가 그려 준 직선을 따라 가위로 자르는 동작을 반복해 준다.
- 교사가 종이접시에 그려진 직선에 유아의 손을 대 준 후 유아에게 가위로 잘라 보라고 한다.
- 도움을 점차 줄여 간다.
- 수행되면 교사가 색칠된 종이접시에 직선을 그려 준 후 유아 스스로 가위로 선을 따라 잘라 보라고 한다.
- 수행되면 유아 스스로 파리채에 물감을 묻혀 수건에 그림을 그려 보라고 한다.
- 수행되면 유아의 특성에 맞는 적절한 강화제를 제공한다.

☞ 유아가 물감을 스스로 짜지 못하면 물감을 짜는 것부터 지도하면 된다.

종이접시에 물감 짜기

붓으로 물감 칠하기

물감이 칠해진 모양

종이접시에 물감 짜기

종이접시에 색칠하기

종이접시에 색칠하기

색칠된 종이접시

다양한 모양으로 자르기

퍼즐 맞추기

수박 먹는 흉내 내기

* 사진 출처: 령 트리오 재구성

186 기차놀이

목표 | 기차놀이를 할 수 있다.
자료 | 여러 명의 유아, 강화제

방법 ❶

- 교사가 긴 줄(끈)을 준비하여 줄 안에 여러 명의 유아를 들어가게 한 후 유아들에게 줄을 잡고 "칙칙폭폭." 하면서 유아들과 기차놀이를 하는 시범을 보인다.

- 교사가 줄 안의 제일 뒷자리에 유아를 세운 후 다른 유아를 모방하여 줄을 잡게 한 다음 다른 유아와 함께 "칙칙폭폭." 하면서 기차놀이를 해 보라고 한다.

- 수행되면 교사가 줄 안의 제일 뒷자리에 유아를 세운 후 유아 스스로 줄을 잡게 한 다음 다른 유아와 함께 "칙칙폭폭." 하면서 기차놀이를 해 보라고 한다.

- 수행되면 유아의 특성에 맞는 적절한 강화제를 제공한다.

방법 ❷

- 교사가 긴 줄(끈)을 준비하여 줄 안에 여러 명의 유아를 들어가게 한 후 유아들에게 줄을 잡고 "칙칙폭폭." 하면서 유아들과 기차놀이를 하는 시범을 보인다.

- 교사가 줄 안의 제일 뒷자리에 유아를 세운 후 다른 유아를 모방하여 줄을 잡게 한 다음 다른 유아와 함께 "칙칙폭폭." 하면서 기차놀이를 해 보라고 한다.

- 하지 못하면 교사가 줄 안의 제일 뒷자리에 유아를 세운 후 줄을 잡게 하고 교사가 줄 밖에서 줄을 잡은 유아의 손을 잡고 "칙칙폭폭." 하면서 기차놀이를 한다.

- 교사가 줄 밖에서 줄을 잡은 유아의 손을 잡고 "칙칙폭폭." 하면서 기차놀이를 해 주다가 유아에게 해 보라고 한다.

- 하지 못하면 교사가 줄 안의 제일 뒷자리에 유아를 세운 후 줄을 잡게 하고 교사가 줄 밖에서 줄을 잡은 유아의 손을 잡고 "칙칙폭폭." 하면서 기차놀이를 반복해

준다.

- 도움을 점차 줄여 간다.
- 수행되면 교사가 줄 안의 제일 뒷자리에 유아를 세운 후 유아 스스로 줄을 잡게 한 다음 다른 유아와 함께 "칙칙폭폭." 하면서 기차놀이를 해 보라고 한다.
- 수행되면 유아의 특성에 맞는 적절한 강화제를 제공한다.

☞ 바닥에 기찻길을 그려 놓고 박스를 여러 개 연결시켜 각 박스에 유아들을 들어가게 한 후 기차놀이를 지도하면 더 흥미롭게 놀이를 할 수 있다.

☞ 신호등 모형이나 그림을 그려 붙인 뒤 또래들을 태워 신호에 따라 멈추고 출발하도록 놀이를 지도할 수 있다.

☞ 파란 불에 출발하고 빨간 불에 멈추도록 신호에 따라 움직이게 하면 놀이 속에서 자연스럽게 규칙을 지키는 지도를 할 수 있다.

☞ 또래들이 기차를 타고 내리는 것을 살피고 기다리는 과정 속에 다른 사람을 살피고 배려하는 습관이 놀이를 통해서 자연스럽게 길러질 수 있다.

☞ 순서를 정하고 차례차례 역할을 바꿔가며 놀 수 있도록 지도하면 양보하는 법을 배울 수 있다.

☞ 기차놀이는 자신의 의지와 관계없이 앞사람이 가는 방향으로 뒷사람이 따라가야 하기 때문에 또래의 생각과 역할을 인정하는 데도 도움이 된다.

포크로 공작새 그리기

목표 ㅣ 포크로 공작새를 그릴 수 있다.

자료 ㅣ 포크, 도화지, 물감, 물, 붓, 접시, 색종이, 눈알, 다양한 스티커, 가위, 풀, 강화제

방법 ❶

- 교사가 각 접시에 각각 다른 색깔의 물감을 푼 후 포크를 올려놓는다.
- 교사가 유아의 발에 붓으로 물감을 칠해 준 후 도화지에 발바닥을 찍어 준다.
- 교사가 발바닥 모양의 주변을 물감을 묻힌 포크로 찍어 공작 털을 꾸미는 시범을 보인다.
- 유아에게 교사를 모방하여 발바닥 모양의 주변을 물감을 묻힌 포크로 찍어 공작 털을 꾸며 보라고 한다.
- 수행되면 유아 스스로 발바닥 모양의 주변을 물감을 묻힌 포크로 찍어 공작 털을 꾸며 보라고 한다.
- 수행되면 교사가 완성된 공작새의 눈에 눈알을 붙이는 시범을 보인다.
- 유아에게 교사를 모방하여 완성된 공작새의 눈에 눈알을 붙여 보라고 한다.
- 수행되면 유아 스스로 완성된 공작새의 눈에 눈알을 붙여 보라고 한다.
- 수행되면 유아의 특성에 맞는 적절한 강화제를 제공한다.

방법 ❷

- 교사가 각 접시에 각각 다른 색깔의 물감을 푼 후 포크를 올려놓는다.
- 교사가 유아의 발에 붓으로 물감을 칠해 준 후 도화지에 발바닥을 찍어 준다.
- 교사가 발바닥 모양의 주변을 물감을 묻힌 포크로 찍어 공작 털을 꾸미는 시범을 보인다.
- 유아에게 교사를 모방하여 발바닥 모양의 주변을 물감을 묻힌 포크로 찍어 공작

털을 꾸며 보라고 한다.

- 찍지 못하면 교사가 유아의 손을 잡고 발바닥 모양의 주변을 물감을 묻힌 포크로 찍어 공작 털을 꾸며 준다.
- 교사가 유아의 손을 잡아 발바닥 모양에 대 준 후 유아에게 물감을 묻힌 포크로 찍어 공작 털을 꾸며 보라고 한다.
- 찍지 못하면 교사가 유아의 손을 잡고 발바닥 모양의 주변을 물감을 묻힌 포크로 찍어 공작 털을 꾸며 주는 동작을 반복해 준다.
- 도움을 점차 줄여 간다.
- 수행되면 유아 스스로 발바닥 모양의 주변을 물감을 묻힌 포크로 찍어 공작 털을 꾸며 보라고 한다.
- 수행되면 교사가 완성된 공작새의 눈에 눈알을 붙이는 시범을 보인다.
- 유아에게 교사를 모방하여 완성된 공작새의 눈에 눈알을 붙여 보라고 한다.
- 붙이지 못하면 교사가 유아의 손을 잡고 공작새의 눈에 눈알을 붙여 준다.
- 교사가 유아의 손을 잡아 공작새의 눈에 대 준 후 유아에게 눈알을 붙여 보라고 한다.
- 붙이지 못하면 교사가 유아의 손을 잡고 공작새의 눈에 눈알을 붙여 주는 동작을 반복해 준다.
- 수행되면 교사가 공작새의 눈을 가리키며 유아에게 눈알을 붙여 보라고 한다.
- 도움을 점차 줄여 간다.
- 수행되면 유아 스스로 완성된 공작새의 눈에 눈알을 붙여 보라고 한다.
- 수행되면 유아의 특성에 맞는 적절한 강화제를 제공한다.

☞ 수행되면 다양한 그림(예: 해바라기, 병아리 등)을 포크로 그리는 것도 공작새를 지도한 것과 같은 방법으로 지도하면 된다.

☞ 유아의 흥미를 유발하기 위해 각 사물의 눈은 가능하면 눈알을 붙이게 지도하는 것이 효과적이다.

접시에 각각의 물감과 포크 준비

교사가 유아의 발바닥에 물감 칠하기

색칠한 발

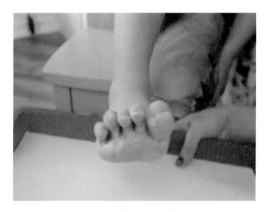

도화지에 발바닥 찍기

교사가 도화지에 발바닥 찍어 주기

찍어낸 발바닥(공작 몸)

6~7
세

303

발바닥 모양에 포크로 공작 털 꾸미기

완성된 공작

발바닥에 물감 칠하기

종이에 찍은 발바닥에 포크로 공작 털 그리기

완성된 그림

완성된 그림에 스티커 붙이기

포크로 완성한 그림 예

포크로 완성한 그림 예

포크로 완성한 그림 예

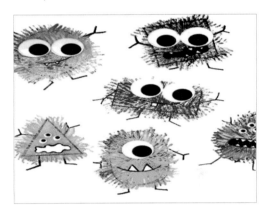

포크로 완성한 그림 예

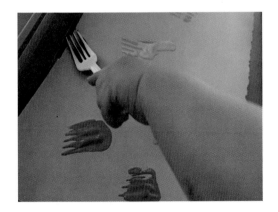

마음대로 병아리 털 찍기

완성된 병아리에 눈과 입 붙여 주기

* 사진 출처: 렁 트리오 재구성

188 색 쌀로 나비 꾸미기 6~7세

목표 | 색 쌀로 나비를 꾸밀 수 있다.

자료 | 글루건, 색 글루건 심, 목공 풀, 주스병, 박스, 칼, 강화제

방법 ❶

• 교사가 박스 한 면을 칼로 잘라 박스에 색 글루건으로 나비를 그려 제시한다.

• 교사가 나비 모양에 목공 풀을 칠한 후 목공 풀 위에 다양한 색 쌀을 붙이는 시범을 보인다.

• 유아에게 교사를 모방하여 나비 모양에 목공 풀을 칠한 후 목공 풀 위에 다양한 색 쌀을 붙여 보라고 한다.

• 수행되면 유아 스스로 나비 모양에 목공 풀을 칠한 후 목공 풀 위에 다양한 색 쌀을 붙여 보라고 한다.

• 수행되면 교사가 나비 모양에서 색 쌀을 털어 내어 나비를 완성하는 시범을 보인다.

• 유아에게 교사를 모방하여 나비 모양에서 색 쌀을 털어 내어 나비를 완성해 보라고 한다.

• 수행되면 유아 스스로 나비 모양에서 색 쌀을 털어 내어 나비를 완성해 보라고 한다.

• 수행되면 유아의 특성에 맞는 적절한 강화제를 제공한다.

방법 ❷

• 교사가 박스 한 면을 칼로 잘라 박스에 색 글루건으로 나비를 그려 제시한다.

• 교사가 나비 모양에 목공 풀을 칠하는 시범을 보인다.

• 유아에게 교사를 모방하여 나비 모양에 목공 풀을 칠해 보라고 한다.

• 칠하지 못하면 교사가 유아의 손을 잡고 나비 모양에 목공 풀을 칠해 준다.

• 교사가 유아의 손을 잡고 나비 모양에 목공 풀을 칠해 주다가 유아에게 칠해 보라

고 한다.

- 칠하지 못하면 교사가 유아의 손을 잡고 나비 모양에 목공 풀을 칠해 주는 동작을 반복해 준다.

- 도움을 점차 줄여 간다.

- 수행되면 유아 스스로 나비 모양에 목공 풀을 칠해 보라고 한다.

- 수행되면 교사가 목공 풀을 칠한 나비의 한쪽 날개에 색 쌀을 붙이는 시범을 보인다.

- 유아에게 교사를 모방하여 목공 풀을 칠한 나비의 한쪽 날개에 색 쌀을 붙여 보라고 한다.

- 붙이지 못하면 교사가 유아의 손을 잡고 목공 풀을 칠한 나비의 한쪽 날개에 색 쌀을 붙여 준다.

- 교사가 유아의 손을 잡고 목공 풀을 칠한 나비의 한쪽 날개에 색 쌀을 붙여 주다가 유아에게 붙여 보라고 한다.

- 붙이지 못하면 교사가 유아의 손을 잡고 목공 풀을 칠한 나비의 한쪽 날개에 색 쌀을 붙여 주는 동작을 반복해 준다.

- 교사가 목공 풀을 칠한 나비의 한쪽 날개를 가리키며 유아에게 색 쌀을 붙여 보라고 한다.

- 도움을 점차 줄여 간다.

- 수행되면 유아 스스로 목공 풀을 칠한 나비의 한쪽 날개에 색 쌀을 붙여 보라고 한다.

- 수행되면 교사가 목공 풀을 칠한 나비의 다른 쪽 날개에 색 쌀을 붙이는 시범을 보인다.

- 유아에게 교사를 모방하여 목공 풀을 칠한 나비의 다른 쪽 날개에 색 쌀을 붙여 보라고 한다.

- 붙이지 못하면 목공 풀을 칠한 나비의 한쪽 날개에 색 쌀을 붙이는 것을 지도한 것과 같은 방법으로 지도한다.

- 수행되면 교사가 목공 풀을 칠한 나비의 다른 부분에도 색 쌀을 붙이는 시범을 보

인다.

- 유아에게 교사를 모방하여 목공 풀을 칠한 나비의 다른 부분에도 색 쌀을 붙여 보라고 한다.
- 붙이지 못하면 목공 풀을 칠한 나비의 한쪽 날개에 색 쌀을 붙이는 것을 지도한 것과 같은 방법으로 지도한다.
- 수행되면 교사가 나비 모양에서 색 쌀을 털어 내어 나비를 완성하는 시범을 보인다.
- 유아에게 교사를 모방하여 나비 모양에서 색 쌀을 털어 내어 나비를 완성해 보라고 한다.
- 털어 내지 못하면 나비 모양에 색 쌀을 붙이는 것을 지도한 것과 같은 방법으로 지도한다.
- 수행되면 유아 스스로 색 쌀을 털어 내어 나비를 완성해 보라고 한다.
- 수행되면 유아의 특성에 맞는 적절한 강화제를 제공한다.

☞ 수행 후 색 쌀을 가지고 마음대로 놀 수 있도록 하거나 손가락으로 마음대로 그림을 그리거나 글자 등을 쓰는(예: 자신의 이름 쓰기) 놀이를 지도해도 유아가 흥미로워한다.

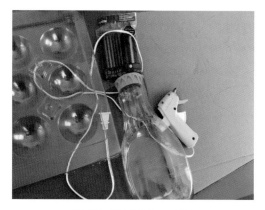

글루건, 색 글루건 심, 박스

교사가 박스에 색 글루건으로 나비 그려 주기

숟가락으로 색 쌀 옮겨 나비에 붙이기

손으로 색 쌀 나비에 붙이기

손으로 색 쌀 나비에 붙이기

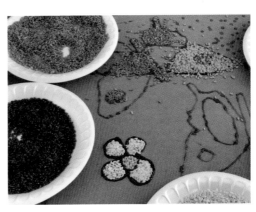

손으로 색 쌀 나비에 붙이기

6~7
세

색 쌀로 완성된 나비

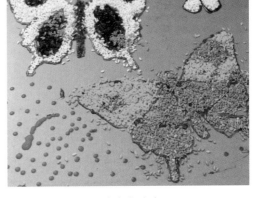

완성된 나비

* 사진 출처: 령 트리오 재구성

189 도넛 게임

목표 | 도넛 게임을 할 수 있다.

자료 | 택배 박스(두꺼운 종이), 필기구류, 강화제

방법 ❶

- 교사가 두꺼운 종이를 도넛 모양으로 잘라 동그란 도넛 구멍에 볼펜, 색연필 등 필기구류를 가득 넣어 제시한다.
- 교사가 순서를 정한 후 한 명씩 순서대로 볼펜, 색연필 등을 하나씩 하나씩 빼다가 도넛을 바닥에 닿게 하는 사람이 지는 게임이라는 것을 설명해 준다.
- 교사가 도넛에서 필기구류를 어떻게 빼는지 시범을 보인다.
- 순서를 정한 후 유아에게 교사를 모방하여 도넛에서 필기구류를 빼 보라고 한다.
- 수행되면 유아 스스로 도넛에서 필기구류를 빼 보라고 한다.
- 수행되면 한 명씩 순서대로 볼펜, 색연필 등을 하나씩 하나씩 빼다가 도넛을 바닥에 닿게 하는 사람이 진다.
- 수행되면 유아의 특성에 맞는 적절한 강화제를 제공한다.

방법 ❷

- 교사가 두꺼운 종이를 도넛 모양으로 잘라 동그란 도넛 구멍에 볼펜, 색연필 등 필기구류를 가득 넣어 제시한다.
- 교사가 순서를 정한 후 한 명씩 순서대로 볼펜, 색연필 등을 하나씩 하나씩 빼다가 도넛을 바닥에 닿게 하는 사람이 지는 게임이라는 것을 설명해 준다.
- 교사가 도넛에서 필기구류를 어떻게 빼는지 시범을 보인다.
- 순서를 정한 후 유아에게 교사를 모방하여 도넛에서 필기구류를 빼 보라고 한다.
- 빼지 못하면 교사가 유아의 손을 잡고 도넛에서 필기구류를 빼 준다.

- 교사가 유아의 손을 도넛에 들어 있는 필기구류에 대 준 후 유아에게 필기구류를 빼 보라고 한다.
- 빼지 못하면 교사가 유아의 손을 잡고 도넛에서 필기구류를 빼 주는 동작을 반복해 준다.
- 교사가 도넛의 필기구류를 가리키며 유아에게 빼 보라고 한다.
- 도움을 점차 줄여 간다.
- 수행되면 유아 스스로 도넛에서 필기구류를 빼 보라고 한다.
- 수행되면 한 명씩 순서대로 볼펜, 색연필 등을 하나씩 하나씩 빼다가 도넛을 바닥에 닿게 하는 사람이 진다.
- 수행되면 유아의 특성에 맞는 적절한 강화제를 제공한다.

☞ 가위바위보가 가능하면 가위바위보로, 아니면 다른 다양한 방법으로 순서를 정하면 된다.

190 감사 카드 만들기 6~7세

목표 | 감사 카드를 만들 수 있다.

자료 | 카드, 봉투, 펠트 스티커, 도화지, 색종이, 가위, 풀, 강화제

방법 ❶

- 교사가 도화지를 카드 모양(네모)으로 오려서 풀칠한 후 판지에 붙이는 시범을 보인다.
- 유아에게 교사를 모방하여 도화지를 카드 모양으로 오려서 풀칠한 후 판지에 붙여 보라고 한다.
- 수행되면 유아 스스로 도화지를 카드 모양으로 오려서 풀칠한 후 판지에 붙여 보라고 한다.
- 수행되면 교사가 색종이로 꽃병 모양을 오려서 도화지에 붙이는 시범을 보인다.
- 유아에게 교사를 모방하여 색종이로 꽃병 모양을 오려서 도화지에 붙여 보라고 한다.
- 수행되면 유아 스스로 색종이로 꽃병 모양을 오려서 도화지에 붙여 보라고 한다.
- 수행되면 교사가 색종이로 줄기를 오려 꽃병에 붙인 후 줄기에 하트 펠트지를 붙이는 시범을 보인다.
- 유아에게 교사를 모방하여 색종이로 줄기를 오려 꽃병에 붙인 후 줄기에 하트 펠트지를 붙여 보라고 한다.
- 수행되면 유아 스스로 색종이로 줄기를 오려 꽃병에 붙인 후 줄기에 하트 펠트지를 붙여 보라고 한다.
- 수행되면 교사가 색종이로 꽃을 오려서 붙이거나 펠트지를 붙여 카드를 완성하는 시범을 보인다.
- 유아에게 교사를 모방하여 색종이로 꽃을 오려서 붙이거나 펠트지를 붙여 카드를

완성해 보라고 한다.

- 수행되면 유아 스스로 색종이로 꽃을 오려서 붙이거나 펠트지를 붙여 카드를 완성해 보라고 한다.
- 수행되면 유아의 특성에 맞는 적절한 강화제를 제공한다.

방법 ❷

- 교사가 도화지를 카드 모양(네모)으로 오리는 시범을 보인다.
- 유아에게 교사를 모방하여 도화지를 카드 모양으로 오려 보라고 한다.
- 오리지 못하면 교사가 유아의 손을 잡고 도화지를 카드 모양으로 오려 준다.
- 교사가 유아의 손을 잡고 도화지를 카드 모양으로 1/2 정도 오려 주다가 유아에게 오려 보라고 한다.
- 오리지 못하면 교사가 유아의 손을 잡고 도화지를 카드 모양으로 오리는 동작을 반복해 준다.
- 교사가 유아가 잡은 가위를 도화지에 대 준 후 카드 모양으로 오려 보라고 한다.
- 도움을 점차 줄여 간다.
- 수행되면 유아 스스로 도화지를 카드 모양으로 오려 보라고 한다.
- 수행되면 교사가 오린 카드를 판지에 붙이는 시범을 보인다.
- 유아에게 교사를 모방하여 오린 카드를 판지에 붙여 보라고 한다.
- 붙이지 못하면 교사가 유아의 손을 잡고 오린 카드를 판지에 붙여 준다.
- 교사가 유아의 손을 잡고 오린 카드를 판지에 1/2 정도 붙여 주다가 유아에게 붙여 보라고 한다.
- 붙이지 못하면 교사가 유아의 손을 잡고 오린 카드를 판지에 붙이는 동작을 반복해 준다.
- 교사가 카드를 판지에 대 준 후 유아에게 붙여 보라고 한다.
- 도움을 점차 줄여 간다.
- 수행되면 유아 스스로 오린 카드를 판지에 붙여 보라고 한다.

6~7
세

- 수행되면 교사가 색종이로 꽃병 모양을 오리는 시범을 보인다.
- 유아에게 교사를 모방하여 색종이로 꽃병 모양을 오려 보라고 한다.
- 오리지 못하면 교사가 교사가 카드 모양을 오린 것을 지도한 것과 같은 방법으로 지도한다.
- 수행되면 유아 스스로 색종이로 꽃병 모양을 오려 보라고 한다.
- 수행되면 교사가 꽃병 모양을 도화지에 붙이는 시범을 보인다.
- 유아에게 교사를 모방하여 꽃병 모양을 도화지에 붙여 보라고 한다.
- 붙이지 못하면 교사가 카드를 판지에 붙이는 것을 지도한 것과 같은 방법으로 지도한다.
- 수행되면 유아 스스로 꽃병 모양을 도화지에 붙여 보라고 한다.
- 수행되면 교사가 색종이로 줄기를 오리는 시범을 보인다.
- 유아에게 교사를 모방하여 색종이로 줄기를 오려 보라고 한다.
- 오리지 못하면 교사가 카드 모양을 오린 것을 지도한 것과 같은 방법으로 지도한다.
- 수행되면 유아 스스로 색종이로 줄기를 오려 보라고 한다.
- 수행되면 교사가 줄기를 꽃병에 붙이는 시범을 보인다.
- 유아에게 교사를 모방하여 줄기를 꽃병에 붙여 보라고 한다.
- 붙이지 못하면 카드를 판지에 붙이는 것을 지도한 것과 같은 방법으로 지도한다.
- 수행되면 유아 스스로 줄기를 꽃병에 붙여 보라고 한다.
- 수행되면 교사가 줄기에 하트 펠트지를 붙이는 시범을 보인다.
- 유아에게 교사를 모방하여 줄기에 하트 펠트지를 붙여 보라고 한다.
- 붙이지 못하면 카드를 판지에 붙이는 것을 지도한 것과 같은 방법으로 지도한다.
- 수행되면 유아 스스로 줄기에 하트 펠트지를 붙여 보라고 한다.
- 수행되면 교사가 색종이로 꽃을 오려서 붙이거나 펠트지를 붙여 카드를 완성하는 시범을 보인다.
- 유아에게 교사를 모방하여 색종이로 꽃을 오려서 붙이거나 펠트지를 붙여 카드를

완성해 보라고 한다.

• 붙이지 못하면 카드를 판지에 붙이는 것을 지도한 것과 같은 방법으로 지도한다.

• 수행되면 유아 스스로 색종이로 꽃을 오려서 붙이거나 펠트지를 붙여 카드를 완성해 보라고 한다.

• 수행되면 유아의 특성에 맞는 적절한 강화제를 제공한다.

☞ 간단한 종이접기가 가능한 경우 색종이로 꽃을 접어서 붙여도 무방하다.

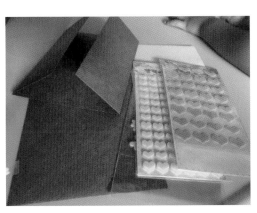

판지(종이박스), 도화지, 색종이, 펠트 스티커 등

도화지 오려서 풀칠하기

오린 도화지 판지에 붙이기

화분 오려서 도화지에 붙이기

줄기 붙인 후 하트 펠트지 붙이기

꽃 오려 붙이기

꽃으로 장식하기

완성된 카드

* 사진 출처: 렁 트리오 재구성

눈사람 만들기

목표 | 도일리페이퍼로 눈사람을 만들 수 있다.

자료 | 도일리페이퍼, 색 도화지, 폼폼이, 색종이, 풀, 가위, 강화제

방법 ❶

- 교사가 도일리페이퍼 두 장에 각각 풀칠을 한 후 색 도화지에 눈사람 모양으로 붙이는 시범을 보인다.

- 유아에게 교사를 모방하여 도일리페이퍼 두 장에 각각 풀칠을 한 후 색 도화지에 눈사람 모양으로 붙여 보라고 한다.

- 수행되면 유아 스스로 도일리페이퍼 두 장에 각각 풀칠을 한 후 색 도화지에 눈사람 모양으로 붙여 보라고 한다.

- 수행되면 교사가 눈사람 모양으로 붙여진 위의 도일리페이퍼에 모자(리본)와 눈, 코, 입을 붙이고 아래 도일리페이퍼에 폼폼이를 붙여 눈사람을 완성하는 시범을 보인다.

- 유아에게 교사를 모방하여 눈사람 모양으로 붙여진 위의 도일리페이퍼에 모자(리본)와 눈, 코, 입을 붙이고 아래 도일리페이퍼에 폼폼이를 붙여 눈사람을 완성해 보라고 한다.

- 수행되면 유아 스스로 눈사람 모양으로 붙여진 위의 도일리페이퍼에 모자(리본)와 눈, 코, 입을 붙이고 아래 도일리페이퍼에 폼폼이를 붙여 눈사람을 완성해 보라고 한다.

- 수행되면 유아의 특성에 맞는 적절한 강화제를 제공한다.

방법 ❷

- 교사가 도일리페이퍼 한 장에 풀칠을 한 후 색 도화지에 붙이는 시범을 보인다.

- 유아에게 교사를 모방하여 도일리페이퍼 한 장에 풀칠을 한 후 색 도화지에 붙여 보라고 한다.
- 붙이지 못하면 교사가 유아의 손을 잡고 도일리페이퍼 한 장에 풀칠을 한 후 색 도화지에 붙여 준다.
- 교사가 유아의 손을 잡고 도일리페이퍼 한 장에 풀칠을 한 후 유아에게 색 도화지에 붙여 보라고 한다.
- 붙이지 못하면 교사가 유아의 손을 잡고 도일리페이퍼 한 장에 풀칠을 한 후 색 도화지에 붙여 주는 동작을 반복해 준다.
- 교사가 유아의 손을 잡고 도일리페이퍼 한 장에 풀칠을 하다가 유아에게 풀칠을 다 한 후 색 도화지에 붙여 보라고 한다.
- 도움을 점차 줄여 간다.
- 수행되면 유아 스스로 도일리페이퍼 한 장에 풀칠을 한 후 색 도화지에 붙여 보라고 한다.
- 수행되면 교사가 도일리페이퍼 한 장에 풀칠을 한 후 붙여진 도일리페이퍼 밑에 눈사람 모양으로 붙이는 시범을 보인다.
- 유아에게 교사를 모방하여 도일리페이퍼 한 장에 풀칠을 한 후 붙여진 도일리페이퍼 밑에 눈사람 모양으로 붙여 보라고 한다.
- 붙이지 못하면 도일리페이퍼 한 장을 붙이는 것을 지도한 것과 같은 방법으로 지도한다.
- 수행되면 유아 스스로 도일리페이퍼 한 장에 풀칠을 한 후 붙여진 도일리페이퍼 밑에 눈사람 모양으로 붙여 보라고 한다.
- 수행되면 교사가 눈사람 모양으로 붙여진 위의 도일리페이퍼에 모자를 붙이는 시범을 보인다.
- 유아에게 교사를 모방하여 눈사람 모양으로 붙여진 위의 도일리페이퍼에 모자를 붙여 보라고 한다.
- 붙이지 못하면 교사가 유아의 손을 잡고 위의 도일리페이퍼에 모자를 붙여 준다.

- 교사가 유아의 손을 도일리페이퍼의 모자를 붙일 위치에 대 준 후 유아에게 모자를 붙여 보라고 한다.
- 붙이지 못하면 교사가 유아의 손을 잡고 위의 도일리페이퍼에 모자를 붙여 주는 동작을 반복해 준다.
- 교사가 도일리페이퍼에 모자를 붙일 위치를 가리키며 유아에게 붙여 보라고 한다.
- 도움을 점차 줄여 간다.
- 수행되면 유아 스스로 도일리페이퍼에 모자를 붙여 보라고 한다.
- 수행되면 교사가 눈사람 모양으로 붙여진 위의 도일리페이퍼에 눈을 붙이는 시범을 보인다.
- 유아에게 교사를 모방하여 눈사람 모양으로 붙여진 위의 도일리페이퍼에 눈을 붙여 보라고 한다.
- 붙이지 못하면 도일리페이퍼에 모자를 붙이는 것을 지도한 것과 같은 방법으로 지도한다.
- 수행되면 유아 스스로 눈사람 모양으로 붙여진 위의 도일리페이퍼에 눈을 붙여 보라고 한다.
- 수행되면 교사가 눈사람 모양으로 붙여진 위의 도일리페이퍼에 코와 입을 붙이는 시범을 보인다.
- 유아에게 교사를 모방하여 눈사람 모양으로 붙여진 위의 도일리페이퍼에 코와 입을 붙여 보라고 한다.
- 붙이지 못하면 도일리페이퍼에 모자를 붙이는 것을 지도한 것과 같은 방법으로 지도한다.
- 수행되면 유아 스스로 눈사람 모양으로 붙여진 위의 도일리페이퍼에 코와 입을 붙여 보라고 한다.
- 수행되면 교사가 아래 도일리페이퍼에 폼폼이를 붙여 눈사람을 완성하는 시범을 보인다.

- 유아에게 교사를 모방하여 아래 도일리페이퍼에 폼폼이를 붙여 눈사람을 완성해 보라고 한다.
- 수행되면 유아 스스로 눈사람 모양으로 붙여진 위의 도일리페이퍼에 모자(리본)와 눈, 코, 입을 붙이고 아래 도일리페이퍼에 폼폼이를 붙여 눈사람을 완성해 보라고 한다.
- 붙이지 못하면 도일리페이퍼에 모자를 붙이는 것을 지도한 것과 같은 방법으로 지도한다.
- 수행되면 유아 스스로 아래 도일리페이퍼에 폼폼이를 붙여 눈사람을 완성해 보라고 한다.
- 수행되면 유아의 특성에 맞는 적절한 강화제를 제공한다.

☞ 도일리페이퍼는 다이소 등에서 쉽게 구입할 수 있으며, 동그라미, 네모 모양이 있어 용도에 맞게 구입하면 된다.

페이퍼를 겹쳐 눈사람 만들기

눈사람에 모자 씌우기

오른쪽 리본 풀칠하기

왼쪽 리본 풀칠하기

코 붙이기

리본 붙이기

완성된 눈사람 모양

완성된 눈사람 모양

* 사진 출처: 렁 트리오 재구성

192 꽃잎으로 꽃 모양 만들기

목표 | 꽃잎으로 꽃 모양을 만들 수 있다.

자료 | 책상, 다양한 색의 꽃잎들, 투명 접착시트지, 스카치테이프, 가위, 강화제

방법 ❶

- 교사가 투명 시트지를 책상에 고정시켜 준다.
- 교사가 투명 시트지에 꽃잎을 붙여 꽃 모양을 만드는 시범을 보인다.
- 유아에게 교사를 모방하여 투명 시트지에 꽃잎을 붙여 꽃 모양을 만들어 보라고 한다.
- 수행되면 유아 스스로 투명 시트지에 꽃잎을 붙여 꽃 모양을 만들어 보라고 한다.
- 수행되면 유아의 특성에 맞는 적절한 강화제를 제공한다.

방법 ❷

- 교사가 투명 시트지를 책상에 고정시켜 준다.
- 교사가 투명 시트지에 꽃잎을 붙여 꽃 모양을 만드는 시범을 보인다.
- 유아에게 교사를 모방하여 투명 시트지에 꽃잎을 붙여 꽃 모양을 만들어 보라고 한다.
- 만들지 못하면 교사가 유아의 손을 잡고 투명 시트지에 꽃잎을 붙여 꽃 모양을 만들어 준다.
- 교사가 투명 시트지에 몇 개의 꽃잎을 붙여 준 후 유아에게 꽃잎을 붙여 꽃 모양을 완성해 보라고 한다.
- 만들지 못하면 교사가 유아의 손을 잡고 투명 시트지에 꽃잎을 붙여 꽃 모양을 만들어 주는 동작을 반복해 준다.
- 교사가 투명 시트지에 꽃잎을 붙일 위치를 가리키며 유아에게 꽃 모양을 만들어

보라고 한다.

- 도움을 점차 줄여 간다.
- 수행되면 유아 스스로 투명 시트지에 꽃잎을 붙여 꽃 모양을 만들어 보라고 한다.
- 수행되면 유아의 특성에 맞는 적절한 강화제를 제공한다.

☞ 시트지에 꽃잎으로 꽃 모양을 완성한 후 시트지를 덧붙여 다양한 모양으로 자르게 하면 유아들이 매우 흥미로워한다.

☞ 유아의 상태에 따라 꽃잎으로 다양한 모양(예: 쉬운 것-같은 모양 꽃잎 붙이기, 도형 만들기 등, 어려운 것-꽃잎으로 하트 만들기, 이름 쓰기 등)을 만들 수 있도록 지도하면 된다.

준비물

투명 시트지에 꽃잎 붙이기

투명 시트지에 꽃잎 붙이기

투명 시트지에 꽃잎 붙이기

완성된 꽃 모양

완성된 꽃 모양

완성된 꽃 모양

투명 시트지 덧붙이기

덧붙여진 시트지 자르기

하트 모양으로 자르기

* 사진 출처: 령 트리오 재구성

실로 그림 그리기

목표 | 실로 그림을 그릴 수 있다.

자료 | 실, 다양한 색상의 물감, 팔레트, 물, 도화지, 강화제

방법 ❶

- 교사가 접시에 물감과 물을 섞어 제시한다.
- 교사가 도화지를 반으로 접은 후 다시 펼치는 시범을 보인다.
- 유아에게 교사를 모방하여 도화지를 반으로 접은 후 다시 펼쳐 보라고 한다.
- 수행되면 유아 스스로 도화지를 반으로 접은 후 다시 펼쳐 보라고 한다.
- 수행되면 교사가 물감에 실을 적셔 도화지 위에 마음대로 그림을 그리는 시범을 보인다.
- 유아에게 교사를 모방하여 물감에 실을 적셔 도화지 위에 마음대로 그림을 그려 보라고 한다.
- 수행되면 유아 스스로 물감에 실을 적셔 도화지 위에 마음대로 그림을 그려 보라고 한다.
- 수행되면 교사가 그림을 그린 실의 끝부분이 도화지 밖으로 조금 나오도록 한 후 도화지를 반으로 접는 시범을 보인다.
- 유아에게 교사를 모방하여 그림을 그린 실의 끝부분이 도화지 밖으로 조금 나오도록 한 후 도화지를 반으로 접어 보라고 한다.
- 수행되면 유아 스스로 그림을 그린 실의 끝부분이 도화지 밖으로 조금 나오도록 한 후 도화지를 반으로 접어 보라고 한다.
- 수행되면 교사가 도화지를 누른 채로 실을 잡고 힘껏 잡아당긴 후 도화지를 펼쳐 실 그림을 완성시키는 시범을 보인다.
- 유아에게 교사를 모방하여 도화지를 누른 채로 실을 잡고 힘껏 잡아당긴 후 도화

지를 펼쳐 실 그림을 완성해 보라고 한다.

- 수행되면 유아 스스로 도화지를 누른 채로 실을 잡고 힘껏 잡아당긴 후 도화지를 펼쳐 실 그림을 완성해 보라고 한다.
- 수행되면 유아의 특성에 맞는 적절한 강화제를 제공한다.

방법 ❷

- 교사가 접시에 물감과 물을 섞어 제시한다.
- 교사가 도화지를 반으로 접은 후 다시 펼치는 시범을 보인다.
- 유아에게 교사를 모방하여 도화지를 반으로 접은 후 다시 펼쳐 보라고 한다.
- 하지 못하면 교사가 유아의 손을 잡고 도화지를 반으로 접은 후 다시 펼쳐 준다.
- 교사가 유아의 손을 잡고 도화지를 반으로 접어 준 후 유아에게 펼쳐 보라고 한다.
- 하지 못하면 교사가 유아의 손을 잡고 도화지를 반으로 접은 후 다시 펼치는 동작을 반복해 준다.
- 교사가 도화지를 가리키며 유아에게 반으로 접은 후 다시 펼쳐 보라고 한다.
- 도움을 점차 줄여 간다.
- 수행되면 유아 스스로 도화지를 반으로 접은 후 다시 펼쳐 보라고 한다.
- 수행되면 교사가 물감에 실을 적셔 도화지 위에 마음대로 그림을 그리는 시범을 보인다.
- 유아에게 교사를 모방하여 물감에 실을 적셔 도화지 위에 마음대로 그림을 그려 보라고 한다.
- 그리지 못하면 교사가 유아의 손을 잡고 물감에 실을 적셔 도화지 위에 마음대로 그림을 그려 준다.
- 교사가 유아의 손을 잡고 물감에 실을 적셔 준 후 유아에게 도화지 위에 마음대로 그림을 그려 보라고 한다.
- 그리지 못하면 교사가 유아의 손을 잡고 물감에 실을 적셔 도화지 위에 마음대로 그림을 그리는 동작을 반복해 준다.

6~7
세

- 교사가 물감을 가리키며 유아에게 물감에 실을 적셔 도화지 위에 마음대로 그림을 그려 보라고 한다.
- 도움을 점차 줄여 간다.
- 수행되면 유아 스스로 물감에 실을 적셔 도화지 위에 마음대로 그림을 그려 보라고 한다.
- 수행되면 교사가 그림을 그린 실의 끝부분이 도화지 밖으로 조금 나오도록 한 후 도화지를 반으로 접는 시범을 보인다.
- 유아에게 교사를 모방하여 그림을 그린 실의 끝부분이 도화지 밖으로 조금 나오도록 한 후 도화지를 반으로 접어 보라고 한다.
- 하지 못하면 교사가 물감에 실을 적셔 도화지 위에 마음대로 그림을 그리는 것을 지도한 것과 같은 방법으로 지도한다.
- 수행되면 유아 스스로 그림을 그린 실의 끝부분이 도화지 밖으로 조금 나오도록 한 후 도화지를 반으로 접어 보라고 한다.
- 수행되면 교사가 도화지를 누른 채로 실을 잡고 힘껏 잡아당기는 시범을 보인다.
- 유아에게 교사를 모방하여 도화지를 누른 채로 실을 잡고 힘껏 잡아당겨 보라고 한다.
- 하지 못하면 교사가 물감에 실을 적셔 도화지 위에 마음대로 그림을 그리는 것을 지도한 것과 같은 방법으로 지도한다.
- 수행되면 유아 스스로 도화지를 누른 채로 실을 잡고 힘껏 잡아당겨 보라고 한다.
- 수행되면 교사가 도화지를 펼쳐 실 그림을 완성하는 시범을 보인다.
- 유아에게 교사를 모방하여 도화지를 펼쳐 실 그림을 완성해 보라고 한다.
- 하지 못하면 교사가 도화지를 가리키며 펼쳐 실 그림을 완성해 보라고 한다.
- 수행되면 유아 스스로 도화지를 펼쳐 실 그림을 완성해 보라고 한다.
- 수행되면 유아의 특성에 맞는 적절한 강화제를 제공한다.

팔레트에 다양한 색깔의 물감을 물을 섞어 제시

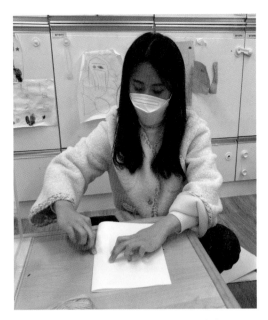

교사가 도화지를 반으로 접는 시범

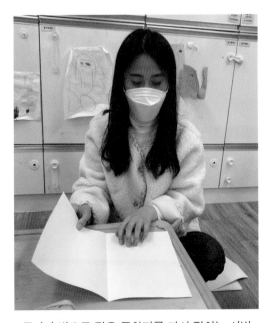

교사가 반으로 접은 도화지를 다시 펼치는 시범

교사가 유아의 손을 잡고 도화지를 반으로 접기

6~7
세

유아 스스로 도화지를 반으로 접기

교사가 물감에 실을 적시는 시범

교사가 유아의 손을 잡고 물감에 실 적시기

유아 스스로 물감에 실 적시기

교사가 물감에 적신 실로 도화지 위에
마음대로 그림 그리는 시범

교사가 유아의 손을 잡고 물감에 적신 실로
도화지 위에 마음대로 그림 그리기

유아 스스로 물감에 적신 실로 도화지 위에
마음대로 그림 그리기

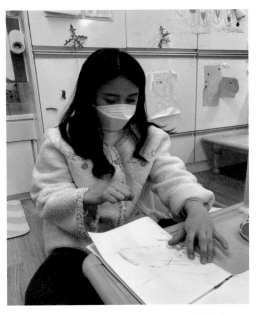

교사가 그림을 그린 실의 끝부분이 도화지 밖으로
조금 나오도록 시범 보이기

교사가 실의 끝부분이 밖으로 조금 나온
도화지를 반으로 접는 시범

교사가 유아의 손을 잡고 그림을 그린 실의
끝부분이 도화지 밖으로 조금 나오도록 하기

유아 스스로 실의 끝부분이 도화지
밖으로 조금 나온 도화지를 반으로 접기

교사가 도화지를 누른 채로 실을 잡고
힘껏 잡아당기는 시범 보이기

교사가 유아의 손을 잡고 도화지를 누른
채로 실을 잡고 힘껏 잡아당기기

유아 스스로 도화지를 누른 채로 실을 잡고
힘껏 잡아당기기

6~7
세

완성된 실 그림 모양 1

완성된 실 그림 모양 2

* 사진 출처: 령 트리오 재구성

발도장으로 꽃 모양 만들기　　　6~7세

목표 | 교사의 도움을 받아 발도장을 찍어 꽃 모양을 만들 수 있다.
자료 | 다양한 색깔의 물감, 도화지(스케치북), 쟁반, 모루, 단추, 강화제

방법 ❶

- 교사가 도화지(스케치북)의 중심에 단추를 붙여 제시한다.
- 교사가 유아의 발에 물감을 묻힌 후 도화지의 단추를 중심으로 발도장을 찍어 꽃 모양을 만드는 시범을 보인다.
- 유아에게 교사를 모방하여 도화지의 단추를 중심으로 발도장을 찍어 꽃 모양을 만들어 보라고 한다.
- 수행되면 유아 스스로 도화지의 단추를 중심으로 발도장을 찍어 꽃 모양을 만들어 보라고 한다.
- 수행되면 유아의 특성에 맞는 적절한 강화제를 제공한다.

방법 ❷

- 교사가 도화지(스케치북)의 중심에 단추를 붙여 제시한다.
- 교사가 유아의 발에 물감을 묻힌 후 도화지의 단추를 중심으로 발도장을 찍어 꽃 모양을 만드는 시범을 보인다.
- 유아에게 교사를 모방하여 도화지의 단추를 중심으로 발도장을 찍어 꽃 모양을 만들어 보라고 한다.
- 만들지 못하면 교사가 유아의 발을 잡고 도화지의 단추를 중심으로 발도장을 찍어 꽃 모양을 만들어 준다.
- 교사가 유아의 발에 물감을 묻혀 준 후 유아에게 도화지의 단추를 중심으로 발도장을 찍어 꽃 모양을 만들어 보라고 한다.

- 만들지 못하면 교사가 유아의 발을 잡고 도화지의 단추를 중심으로 발도장을 찍어 꽃 모양을 만들어 주는 동작을 반복해 준다.
- 교사가 유아의 발을 도화지의 단추 주변에 올려 준 후 유아에게 단추를 중심으로 발도장을 찍어 꽃 모양을 만들어 보라고 한다.
- 도움을 점차 줄여 간다.
- 수행되면 유아 스스로 도화지의 단추를 중심으로 발도장을 찍어 꽃 모양을 만들어 보라고 한다.
- 수행되면 유아의 특성에 맞는 적절한 강화제를 제공한다.

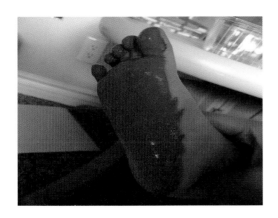

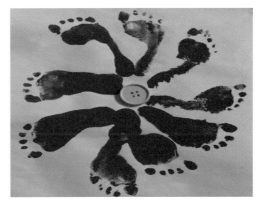

* 사진 출처: 령 트리오 재구성

195 6~10에 스티커 붙이기

목표 | 숫자에 수만큼의 스티커를 붙일 수 있다.

자료 | 전지 2~3장, 4절지 여러 장, 다양한 색상의 스티커, 유성 또는 수성 매직, 테이프, 강화제

방법 ❶

- 1~5는 앞 단계에서 수행하였으므로 확인한 후 시행한다.
- 교사가 전지에 매직으로 6~10까지 숫자를 써서 벽이나 책상에 미리 테이프로 붙여 놓는다.
- 교사가 6~10의 숫자에 각각의 수만큼 차례대로 스티커를 붙이는 시범을 보인다.
- 유아에게 교사를 모방하여 6~10의 숫자에 각각의 수만큼 차례대로 스티커를 붙여 보라고 한다.
- 수행되면 유아 스스로 6~10의 숫자에 수만큼 스티커를 붙여 보라고 한다.
- 수행되면 유아의 특성에 맞는 적절한 강화제를 제공한다.

방법 ❷

- 1~5는 앞 단계에서 수행하였으므로 확인한 후 시행한다.
- 교사가 전지에 매직으로 6~10까지 숫자를 써서 벽이나 책상에 미리 테이프로 붙여 놓는다.
- 교사가 6~10의 숫자에 각각의 수만큼 차례대로 스티커를 붙이는 시범을 보인다.
- 유아에게 교사를 모방하여 6~10의 숫자에 각각의 수만큼 차례대로 스티커를 붙여 보라고 한다.
- 붙이지 못하면 교사가 4절지에 6의 숫자를 써서 벽이나 책상에 테이프로 붙인다.
- 교사가 6의 숫자에 스티커를 1장 붙이는 시범을 보인다.

- 유아에게 교사를 모방하여 6의 숫자에 스티커를 6장 붙여 보라고 한다.
- 붙이지 못하면 교사가 유아의 손을 잡고 6의 숫자에 스티커를 6장 붙여 준다.
- 교사가 스티커를 6장 순서대로 건네주면서 유아에게 숫자 6에 붙여 보라고 한다.
- 붙이지 못하면 교사가 유아의 손을 잡고 숫자 6에 스티커를 6장 붙이는 동작을 반복해 준다.
- 교사가 숫자 6을 가리키며 유아에게 스티커를 6장 붙여 보라고 한다.
- 도움을 점차 줄여 간다.
- 수행되면 유아 스스로 6의 숫자에 스티커를 6장 붙여 보라고 한다.
- 수행되면 교사가 4절지에 7의 숫자를 써서 벽이나 책상에 테이프로 붙인 후 7의 숫자에 스티커를 7장 붙이는 시범을 보인다.
- 유아에게 교사를 모방하여 7의 숫자에 스티커를 7장 붙여 보라고 한다.
- 붙이지 못하면 숫자 6에 스티커를 붙이는 것과 같은 방법으로 지도한다.
- 수행되면 교사가 4절지에 6~7의 숫자를 써서 벽이나 책상에 테이프로 붙인 후 유아에게 숫자 6~7에 각 수만큼 스티커를 붙여 보라고 한다.
- 수행되면 숫자 8도 같은 방법으로 지도한 후 숫자 6~8까지 각 수만큼 스티커를 붙여 보라고 한다.
- 수행되면 나머지 숫자도 같은 방법으로 지도한다.
- 수행되면 유아 스스로 6~10의 숫자에 수만큼 스티커를 붙여 보라고 한다.
- 수행되면 유아의 특성에 맞는 적절한 강화제를 제공한다.

☞ 방법 ❶ 지도 시 교사가 1~5 숫자에 연달아 스티커를 붙이는 시범을 보이지 말고 각각의 숫자에 스티커를 붙이는 시범을 보이면서 유아에게도 교사를 모방하여 각각의 숫자에 스티커를 붙여 보라고 한다(예: 교사가 숫자 1에 스티커를 붙인 후 유아에게도 교사를 모방하여 1의 숫자에 스티커 붙이기 / 교사가 숫자 2에 스티커를 붙인 후 유아에게도 교사를 모방하여 2의 숫자에 스티커 붙이기).

☞ 방법 ❶ 지도 시 교사가 각각의 숫자에 스티커를 붙일 때 유아가 교사를 모방하여 붙일 수 있는지 확인만 하면 된다(예: 1에 스티커를 붙이는 것이 수행된 후 2를 지도하는 것이 아니고 각 수만큼 스티커를 붙이는 것을 모방할 수 있는지 확인하는 과정이므로 이 점을 유의하도록 한다).

☞ 사진의 숫자에 스티커를 붙이는 방법 중 하나를 예시한 것이므로 어떻게 붙이든지 숫자만큼의 스티커를 붙이면 무방하다.

☞ 스티커 대신 폼폼이를 붙이게 해도 무방하다.

☞ 수행 후 마지막 사진처럼 숫자에 그림을 마음대로 그려 꾸미는 놀이로 확장해 주면 효과적이다.

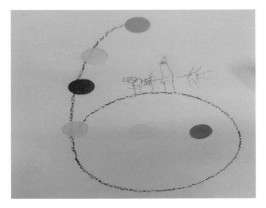

6에 숫자만큼 스티커 붙이기

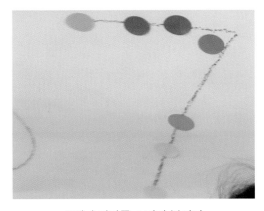

7에 숫자만큼 스티커 붙이기

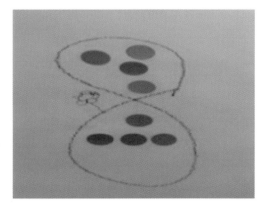

8에 숫자만큼 스티커 붙이기

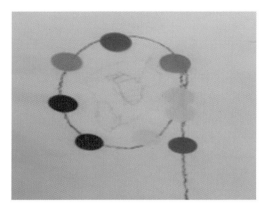

9에 숫자만큼 스티커 붙이기

숫자에 스티커 붙여 완성

숫자에 스티커 붙여 완성

숫자에 그림 그리기(마음대로 꾸미기)

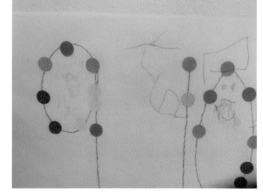

숫자에 그림 그려 완성

* 사진 출처: 령 트리오 재구성

196 물건 옮기는 게임

목표 | 물건 옮기는 게임을 할 수 있다.

자료 | 과자, 젓가락, 접시, 빈 병 등, 강화제

방법 ❶

- 교사가 다른 교사와 예를 들어 젓가락으로 과자를 집어 누가 먼저 접시에 많이 옮기는지 게임하는 시범을 보인다.
- 유아에게 교사를 모방하여 또래와 젓가락으로 과자를 집어 누가 먼저 접시에 많이 옮기는지 게임을 해 보라고 한다.
- 수행되면 유아 스스로 또래와 젓가락으로 과자를 집어 누가 먼저 접시에 많이 옮기는지 게임을 해 보라고 한다.
- 수행되면 유아의 특성에 맞는 적절한 강화제를 제공한다.

방법 ❷

- 교사가 예를 들어 젓가락으로 과자를 집는 시범을 보인다.
- 유아에게 교사를 모방하여 젓가락으로 과자를 집어 보라고 한다.
- 모방하지 못하면 교사가 유아의 손을 잡고 젓가락으로 과자를 집게 해 준다.
- 교사가 유아의 손을 젓가락에 대 준 후 과자를 집어 보라고 한다.
- 집지 못하면 교사가 유아의 손을 잡고 젓가락으로 과자를 집는 동작을 반복해 준다.
- 교사가 젓가락을 가리키며 유아에게 젓가락으로 과자를 집어 보라고 한다.
- 도움을 점차 줄여 간다.
- 수행되면 유아 스스로 젓가락으로 과자를 집어 보라고 한다.
- 수행되면 교사가 다른 교사와 젓가락으로 과자를 집어 누가 먼저 접시에 많이 옮기는지 게임하는 시범을 보인다.

- 유아가 또래와 게임할 때 교사가 유아에게 스스로 젓가락으로 과자를 집어 보라고 한 후 누가 먼저 접시에 많이 옮기는지 해 보라고 한다.
- 모방하지 못하면 유아가 또래와 게임할 때 교사가 유아에게 스스로 젓가락으로 과자를 집어 보라고 한 후 유아의 손을 잡고 접시에 많이 옮기는 게임을 하게 해 준다.
- 하지 못하면 유아가 또래와 게임할 때 교사가 유아에게 스스로 젓가락으로 과자를 집어 보라고 한 후 유아의 손을 잡고 접시에 많이 옮기는 동작을 반복해 준다.
- 유아가 또래와 게임할 때 교사가 유아에게 스스로 젓가락으로 과자를 집어 보라고 한 후 유아의 손을 잡고 과자를 접시에 한 번 옮겨 준 후 유아에게 계속 옮겨 보라고 한다.
- 도움을 점차 줄여 간다.
- 수행되면 유아 스스로 또래와 젓가락으로 과자를 집어 누가 먼저 접시에 많이 옮기는지 게임을 해 보라고 한다.
- 수행되면 유아의 특성에 맞는 적절한 강화제를 제공한다.

197 의자 앉기 게임

목표 | 의자 앉기 게임을 할 수 있다.

자료 | 여러 개의 의자, 호루라기, 강화제

방법 ❶

- 교사가 유아의 수보다 의자를 한 개 적게 준비하여 의자를 바깥쪽을 향하게 둥글게 배치해 둔다.

- 교사가 '의자 앉기 게임'은 유아들이 의자 주변을 따라 둥글게 돌다가 교사가 호루라기를 불면 의자에 앉아야 하고 의자에 앉지 못한 유아는 탈락된다는(게임에 계속 참여할 수 없다는) 규칙을 설명해 준다. 그리고 유아가 한 명만 남을 때까지 계속 진행한다고 설명해 준다.

- 교사가 다른 유아들과 의자 주변을 따라 둥글게 돌다가 호루라기를 분 후 아무 의자에 앉은 후, 앉지 못한 유아는 다른 곳에 있게 하는 시범을 보인다.

- 유아들이 둥글게 돌다가 교사가 호루라기를 불면 유아에게 교사를 모방하여 아무 의자에 앉아 보라고 한다.

- 수행되면 유아들이 둥글게 돌다가 교사가 호루라기를 불면 유아 스스로 아무 의자에 앉아 보라고 한다.

- 수행되면 유아의 특성에 맞는 적절한 강화제를 제공한다.

방법 ❷

- 교사가 유아의 수보다 의자를 한 개 적게 준비하여 의자를 바깥쪽을 향하게 둥글게 배치해 둔다.

- 교사가 '의자 앉기 게임'은 유아들이 의자 주변을 따라 둥글게 돌다가 교사가 호루라기를 불면 의자에 앉아야 하고 의자에 앉지 못한 유아는 탈락된다는(게임에 계속

참여할 수 없다는) 규칙을 설명해 준다. 그리고 유아가 한 명만 남을 때까지 계속 진행한다고 설명해 준다.

- 교사가 다른 유아들과 의자 주변을 따라 둥글게 돌다가 호루라기를 분 후 아무 의자에 앉은 후, 앉지 못한 유아는 다른 곳에 있게 하는 시범을 보인다.
- 유아들이 둥글게 돌다가 교사가 호루라기를 불면 유아에게 교사를 모방하여 아무 의자에 앉아 보라고 한다.
- 앉지 못하면 다른 교사에게 둥글게 돌 때 호루라기를 불어 달라고 부탁한 후 호루라기 소리가 들리면 교사가 유아의 손을 잡고 유아 앞에 있는 의자에 앉혀 준다.
- 다른 교사에게 둥글게 돌 때 호루라기를 불어 달라고 부탁한 후 호루라기 소리가 들리면 교사가 유아 앞에 있는 의자를 가리키며 유아에게 앉아 보라고 한다.
- 앉지 못하면 다른 교사에게 둥글게 돌 때 호루라기를 불어 달라고 부탁한 후 호루라기 소리가 들리면 교사가 유아의 손을 잡고 유아 앞에 있는 의자에 앉혀 주는 동작을 반복해 준다.
- 도움을 점차 줄여 간다.
- 수행되면 유아들이 둥글게 돌다가 교사가 호루라기를 불면 유아 스스로 아무 의자에 앉아 보라고 한다.
- 수행되면 유아의 특성에 맞는 적절한 강화제를 제공한다.

☞ 유아들에게 친숙한 동요를 들려주면서 교사가 적절한 시기에 호루라기를 불도록 한다.

☞ 처음에는 3~4명 정도로 시작하는 것이 적절하다. 어느 정도 익숙해지면 5~6명으로 확장해 주는 것이 바람직하다.

영아와 놀아 주기

목표 | 영아와 놀아 줄 수 있다.

자료 | 강화제

방법 ❶

- 교사가 영아를 데리고 노는 시범을 보인다.
- 유아에게 교사를 모방하여 영아를 데리고 놀아 보라고 한다.
- 수행되면 유아 스스로 영아를 데리고 놀아 보라고 한다.
- 수행되면 유아의 특성에 맞는 적절한 강화제를 제공한다.

방법 ❷

- 교사가 예를 들어 영아를 데리고 '까꿍 놀이'를 하면서 노는 시범을 보인다.
- 유아에게 교사를 모방하여 영아를 데리고 '까꿍 놀이'를 하면서 놀아 보라고 한다.
- 모방하지 못하면 교사가 유아의 손을 잡고 문 뒤에 숨어 있다가 유아가 영아에게 '까꿍' 하면서 고개를 내밀어 '까꿍 놀이'를 하면서 놀게 도와준다.
- 교사가 문을 가리키며 유아에게 문 뒤에 숨어 있다가 영아에게 '까꿍' 하면서 고개를 내밀어 '까꿍 놀이'를 하면서 영아와 놀아 보라고 한다.
- 놀지 못하면 교사가 유아의 손을 잡고 문 뒤에 숨어 있다가 유아가 영아에게 '까꿍' 하면서 고개를 내밀어 '까꿍 놀이'를 하면서 놀게 반복해 준다.
- 도움을 점차 줄여 간다.
- 수행되면 유아 스스로 문 뒤에 숨어 있다가 영아에게 '까꿍' 하면서 고개를 내밀어 영아와 '까꿍 놀이'를 하면서 놀아 보라고 한다.
- 수행되면 유아의 특성에 맞는 적절한 강화제를 제공한다.

키친타월 심지와 종이꽃으로 모빌 만들기 6~7세

목표 | 키친타월 심지와 종이꽃으로 모빌을 만들 수 있다.

자료 | 키친타월 심지, 색 도화지, 다양한 색상의 색종이, 풀, 강화제

방법 ❶

- 교사가 색종이에 꽃 모양과 동그라미를 오린 후 제시한다.

- 교사가 색 도화지로 키친타월 심지를 감싼 후 테이프로 고정시키는 시범을 보인다.

- 유아에게 교사를 모방하여 색 도화지로 키친타월 심지를 감싼 후 테이프로 고정시켜 보라고 한다.

- 수행되면 유아 스스로 색 도화지로 키친타월 심지를 감싼 후 테이프로 고정시켜 보라고 한다.

- 수행되면 교사가 색종이로 꽃 모양과 동그라미를 오려 동그라미를 꽃 모양에 풀로 붙이는 시범을 보인다.

- 유아에게 교사를 모방하여 색종이로 꽃 모양과 동그라미를 오려 동그라미를 꽃 모양에 풀로 붙여 보라고 한다.

- 수행되면 유아 스스로 색종이로 꽃 모양과 동그라미를 오려 동그라미를 꽃 모양에 풀로 붙여 보라고 한다.

- 수행되면 교사가 색 도화지를 길게 여러 개 오려 놓은 후 종이꽃을 오려 놓은 긴 종이에 풀로 붙이는 시범을 보인다.

- 유아에게 교사를 모방하여 색 도화지를 길게 여러 개 오려 놓은 후 종이꽃을 오려 놓은 긴 종이에 풀로 붙여 보라고 한다.

- 수행되면 유아 스스로 색 도화지를 길게 여러 개 오려 놓은 후 종이꽃을 오려 놓은 긴 종이에 풀로 붙여 보라고 한다.

- 수행되면 교사가 색 도화지로 감싼 키친타월에 종이꽃을 붙인 종이를 풀로 붙여

모빌을 완성하는 시범을 보인다.

- 유아에게 교사를 모방하여 색 도화지로 감싼 키친타월에 종이꽃을 붙인 종이를 풀로 붙여 모빌을 완성해 보라고 한다.
- 수행되면 유아 스스로 색 도화지로 감싼 키친타월에 종이꽃을 붙인 종이를 풀로 붙여 모빌을 완성해 보라고 한다.
- 수행되면 유아의 특성에 맞는 적절한 강화제를 제공한다.

방법 ❷

- 교사가 색종이에 꽃 모양과 동그라미를 오린 후 제시한다.
- 교사가 색 도화지로 키친타월 심지를 감싼 후 테이프로 고정시키는 시범을 보인다.
- 유아에게 교사를 모방하여 색 도화지로 키친타월 심지를 감싼 후 테이프로 고정시켜 보라고 한다.
- 하지 못하면 교사가 유아의 손을 잡고 색 도화지로 키친타월 심지를 감싼 후 테이프로 고정시켜 준다.
- 교사가 유아의 손을 잡고 색 도화지로 키친타월 심지를 감싸 준 후 유아에게 색 도화지에 테이프를 붙여 고정시켜 보라고 한다.
- 하지 못하면 교사가 유아의 손을 잡고 색 도화지로 키친타월 심지를 감싼 후 테이프로 고정시키는 동작을 반복해 준다.
- 교사가 유아의 손을 잡고 색 도화지로 키친타월 심지를 1/2 정도 감싸 주다가 유아에게 나머지를 감싼 후 테이프를 붙여 고정시켜 보라고 한다.
- 도움을 점차 줄여 간다.
- 수행되면 유아 스스로 색 도화지로 키친타월 심지를 감싼 후 테이프로 고정시켜 보라고 한다.
- 수행되면 교사가 색종이로 꽃 모양과 동그라미를 오려 동그라미를 꽃 모양에 풀로 붙이는 시범을 보인다.
- 유아에게 교사를 모방하여 색종이로 꽃 모양과 동그라미를 오려 동그라미를 꽃

모양에 풀로 붙여 보라고 한다.

- 하지 못하면 교사가 유아의 손을 잡고 색종이로 꽃 모양과 동그라미를 오려 동그라미를 꽃 모양에 풀로 붙여 준다.
- 교사가 유아의 손을 잡고 색종이로 꽃 모양과 동그라미를 오려 준 후 유아에게 동그라미를 꽃 모양에 붙여 보라고 한다.
- 하지 못하면 교사가 유아의 손을 잡고 색종이로 꽃 모양과 동그라미를 오려 동그라미를 꽃 모양에 붙이는 동작을 반복해 준다.
- 교사가 유아의 손을 잡고 꽃 모양을 오려 준 후 유아에게 동그라미를 오려 꽃 모양에 풀로 붙여 보라고 한다.
- 수행되면 유아 스스로 색종이로 꽃 모양과 동그라미를 오려 동그라미를 꽃 모양에 붙여 보라고 한다.
- 수행되면 교사가 색 도화지를 길게 여러 개 오려 놓은 후 종이꽃을 오려 놓은 긴 종이에 풀로 붙이는 시범을 보인다.
- 유아에게 교사를 모방하여 색 도화지를 길게 여러 개 오려 놓은 후 종이꽃을 오려 놓은 긴 종이에 풀로 붙여 보라고 한다.
- 하지 못하면 교사가 색종이로 꽃 모양과 동그라미를 오려 동그라미를 꽃 모양에 풀로 붙이는 것을 지도한 것과 같은 방법으로 지도한다.
- 수행되면 유아 스스로 색 도화지를 길게 여러 개 오려 놓은 후 종이꽃을 오려 놓은 긴 종이에 풀로 붙여 보라고 한다.
- 수행되면 교사가 색 도화지로 감싼 키친타월에 종이꽃을 붙인 종이를 풀로 붙여 모빌을 완성하는 시범을 보인다.
- 유아에게 교사를 모방하여 색 도화지로 감싼 키친타월에 종이꽃을 붙인 종이를 풀로 붙여 모빌을 완성해 보라고 한다.
- 하지 못하면 교사가 색종이로 꽃 모양과 동그라미를 오려 동그라미를 꽃 모양에 풀로 붙이는 것을 지도한 것과 같은 방법으로 지도한다.
- 수행되면 유아 스스로 색 도화지로 감싼 키친타월에 종이꽃을 붙인 종이를 풀로

붙여 모빌을 완성해 보라고 한다.

• 수행되면 유아의 특성에 맞는 적절한 강화제를 제공한다.

☞ 유아의 상태에 따라 예를 들어 색종이로 꽃 모양과 동그라미를 오리는 것을 각각 분리하여
지도해도 무방하다.

☞ 완성된 모빌을 유아가 좋아하는 장소에 걸어 주면 유아가 성취감을 느낄 수 있다.

☞ 줄을 만들어 목에 걸어 주어서 기타처럼 가지고 놀 수 있도록 하는 등 놀이를 확장시켜 줄
수 있다.

☞ 실이나 끈보다 낚싯줄을 활용하면 줄이 투명하기 때문에 깔끔하게 모빌을 완성할 수 있다.

색 도화지로 키친타월 심지 감싸기

교사가 심지를 감싼 색 도화지를
잡아 주고 유아는 테이프 떼기

유아가 심지를 감싼 색 도화지에 테이프 붙이기

꽃 모양에 동그라미 붙이기

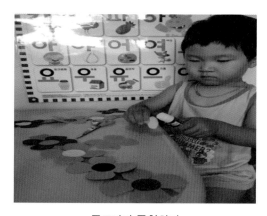

동그라미 풀칠하기

꽃 모양에 동그라미 붙이기

완성된 꽃 모양

꽃에 풀칠하여 긴 종이에 붙여 주기

긴 종이에 붙여진 꽃송이

완성된 모빌에 실이나 끈 연결하기

유아 목에 걸어 주기

유아가 좋아하는 장소에 걸어 주기

* 사진 출처: 령 트리오 재구성

6~7
세

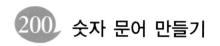 **숫자 문어 만들기**

목표 | 숫자 문어를 만들 수 있다.

자료 | 다양한 색상의 색 도화지, 스티커, 풀, 가위, 강화제

방법 ❶

- 교사가 색 도화지로 문어 머리와 문어 다리 8개, 바다풀을 오리는 시범을 보인다.
- 유아에게 교사를 모방하여 색 도화시로 분어 머리와 문어 다리 8개, 바다풀을 오려 보라고 한다.
- 수행되면 유아 스스로 색 도화지로 문어 머리와 문어 다리 8개, 바다풀을 오려 보라고 한다.
- 수행되면 교사가 색 도화지에 풀로 바다풀을 붙인 후 문어 머리를 붙인 다음 문어 다리 8개를 붙이는 시범을 보인다.
- 유아에게 교사를 모방하여 색 도화지에 바다풀을 붙인 후 문어 머리를 붙인 다음 문어 다리 8개를 붙여 보라고 한다.
- 수행되면 유아 스스로 색 도화지에 바다풀을 붙인 후 문어 머리를 붙인 다음 문어 다리 8개를 붙여 보라고 한다.
- 수행되면 교사가 색 도화지로 눈을 오려 문어 머리에 붙인 다음 문어 다리 8개에 각각 순서대로 개수만큼 스티커를 붙이는 시범을 보인다.
- 유아에게 교사를 모방하여 색 도화지로 눈을 오려 문어 머리에 붙인 다음 문어 다리 8개에 각각 순서대로 개수만큼 스티커를 붙여 보라고 한다.
- 수행되면 유아 스스로 색 도화지로 눈을 오려 문어 머리에 붙인 다음 문어 다리 8개에 각각 순서대로 개수만큼 스티커를 붙여 보라고 한다.
- 수행되면 유아의 특성에 맞는 적절한 강화제를 제공한다.

방법 ❷

- 교사가 색 도화지로 문어 머리와 문어 다리 8개, 바다풀을 오리는 시범을 보인다.
- 유아에게 교사를 모방하여 색 도화지로 문어 머리와 문어 다리 8개, 바다풀을 오려 보라고 한다.
- 하지 못하면 교사가 유아의 손을 잡고 색 도화지로 문어 머리와 문어 다리 8개, 바다풀을 오려 준다.
- 교사가 유아의 손을 잡고 색 도화지로 문어 머리와 바다풀을 오려 준 후 문어 다리를 3개 정도 오리다가 유아에게 나머지 다리를 오려 보라고 한다.
- 하지 못하면 교사가 유아의 손을 잡고 색 도화지로 문어 머리와 문어 다리 8개, 바다풀을 오리는 동작을 반복해 준다.
- 교사가 유아의 손을 잡고 색 도화지로 문어 머리를 오려 준 후 문어 다리와 바다풀을 오려 보라고 한다.
- 도움을 점차 줄여 간다.
- 수행되면 유아 스스로 색 도화지로 문어 머리와 문어 다리 8개, 바다풀을 오려 보라고 한다.
- 수행되면 교사가 색 도화지에 풀로 바다풀을 붙인 후 문어 머리를 붙이는 시범을 보인다.
- 유아에게 교사를 모방하여 색 도화지에 바다풀을 붙인 후 문어 머리를 붙여 보라고 한다.
- 붙이지 못하면 교사가 유아의 손을 잡고 색 도화지에 바다풀을 붙인 후 문어 머리를 붙여 준다.
- 교사가 유아의 손을 잡고 색 도화지에 바다풀을 붙인 후 유아에게 문어 머리를 붙여 보라고 한다.
- 붙이지 못하면 교사가 유아의 손을 잡고 색 도화지에 바다풀을 붙인 후 문어 머리를 붙이는 동작을 반복해 준다.
- 교사가 유아의 손을 잡고 색 도화지에 바다풀을 붙여 주다가 유아에게 바다풀과

문어 머리를 붙여 보라고 한다.

- 도움을 점차 줄여 간다.
- 수행되면 유아 스스로 색 도화지에 바다풀을 붙인 후 문어 머리를 붙여 보라고 한다.
- 수행되면 교사가 색 도화지로 눈을 오려 문어 머리에 붙인 다음 입을 그려 주고 문어 머리에 문어 다리 8개를 각각 순서대로 붙이는 시범을 보인다.
- 유아에게 교사를 모방하여 색 도화지로 눈을 오려 문어 머리에 붙인 다음 입을 그려 주고 문어 머리에 문어 다리 8개를 각각 순서대로 붙여 보라고 한다.
- 붙이지 못하면 교사가 색 도화지에 바다풀과 문어 머리를 붙이는 것을 지도한 것과 같은 방법으로 지도한다.
- 수행되면 유아 스스로 색 도화지로 눈을 오려 문어 머리에 붙인 다음 입을 그려 주고 문어 머리에 문어 다리 8개를 각각 순서대로 붙여 보라고 한다.
- 수행되면 교사가 문어 다리 8개에 각각 순서대로 개수만큼 스티커를 붙이는 시범을 보인다.
- 유아에게 교사를 모방하여 문어 다리 8개에 각각 순서대로 개수만큼 스티커를 붙여 보라고 한다.
- 붙이지 못하면 교사가 색 도화지에 바다풀과 문어 머리를 붙이는 것을 지도한 것과 같은 방법으로 지도한다.
- 수행되면 유아 스스로 문어 다리 8개에 각각 순서대로 개수만큼 스티커를 붙여 보라고 한다.
- 수행되면 유아의 특성에 맞는 적절한 강화제를 제공한다.

☞ 문어 눈을 시판하는 눈알로 붙여 주면 유아의 흥미를 더 높일 수 있다.

☞ 문어 다리 8개에 각각 순서대로 개수만큼 스티커를 붙이는 것을 어려워하면 1~2개까지 붙이는 것을 지도한 후 점차 3개에서 순서대로 늘려 가도록 한다.

☞ 문어 다리에 스티커를 붙이는 활동을 통해 자연스럽게 수 개념을 익힐 수 있다.

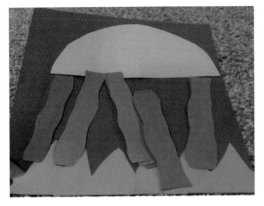

색 도화지로 문어, 바다풀 오리기

바다풀 붙이기

문어 다리 붙이기

문어 다리에 스티커 붙이기

6~7
세

완성된 문어

완성된 문어

* 사진 출처: 령 트리오 재구성

201 스티커 나무 만들기 6~7세

목표 | 스티커 나무를 만들 수 있다.

자료 | 휴지 심, 색종이, 색 도화지, 가위, 풀, 스티커, 강화제

방법 ❶

- 교사가 휴지 심을 색종이로 감싸서 풀로 붙이는 시범을 보인다.
- 유아에게 교사를 모방하여 휴지 심을 색종이로 감싸서 풀로 붙여 보라고 한다.
- 수행되면 유아 스스로 휴지 심을 색종이로 감싸서 풀로 붙여 보라고 한다.
- 수행되면 교사가 색 도화지로 나무를 오리는 시범을 보인다.
- 유아에게 교사를 모방하여 색 도화지로 나무를 오려 보라고 한다.
- 수행되면 유아 스스로 색 도화지로 나무를 오려 보라고 한다.
- 수행되면 교사가 휴지 심에 숫자를 써 준 후 나무에 숫자만큼 스티커를 붙이는 시범을 보인다.
- 유아에게 교사를 모방하여 나무에 숫자만큼 스티커를 붙여 보라고 한다.
- 수행되면 유아 스스로 나무에 숫자만큼 스티커를 붙여 보라고 한다.
- 수행되면 교사가 휴지 심 양쪽을 나무를 끼울 수 있도록 살짝 잘라 준 후 나무에 붙어 있는 스티커를 보고 휴지 심에 쓰인 수를 찾아 나무를 끼워 주는 시범을 보인다.
- 유아에게 교사를 모방하여 나무에 붙어 있는 스티커를 보고 휴지 심에 쓰인 수를 찾아 나무를 끼워 보라고 한다.
- 수행되면 유아 스스로 나무에 붙어 있는 스티커를 보고 휴지 심에 쓰인 수를 찾아 나무를 끼워 보라고 한다.
- 수행되면 유아의 특성에 맞는 적절한 강화제를 제공한다.

방법 ❷

- 교사가 휴지 심을 색종이로 감싸서 풀로 붙이는 시범을 보인다.
- 유아에게 교사를 모방하여 휴지 심을 색종이로 감싸서 풀로 붙여 보라고 한다.
- 붙이지 못하면 교사가 유아의 손을 잡고 휴지 심을 색종이로 감싸서 풀로 붙여 준다.
- 교사가 유아의 손을 잡고 휴지 심을 색종이로 감싸서 풀로 붙여 주다가 유아에게 붙여 보라고 한다.
- 붙이지 못하면 교사가 유아의 손을 잡고 휴지 심을 색종이로 감싸서 풀로 붙이는 동작을 반복해 준다.
- 교사가 색종이를 가리키며 유아에게 휴지 심을 감싸서 풀로 붙여 보라고 한다.
- 도움을 점차 줄여 간다.
- 수행되면 유아 스스로 휴지 심을 색종이로 감싸서 풀로 붙여 보라고 한다.
- 수행되면 교사가 색 도화지로 나무를 오리는 시범을 보인다.
- 유아에게 교사를 모방하여 색 도화지로 나무를 오려 보라고 한다.
- 오리지 못하면 교사가 유아의 손을 잡고 색 도화지로 나무를 오려 준다.
- 교사가 유아의 손을 잡고 색 도화지로 나무를 오려 주다가 유아에게 오려 보라고 한다.
- 오리지 못하면 교사가 유아의 손을 잡고 색 도화지로 나무를 오리는 동작을 반복해 준다.
- 교사가 가위를 잡은 유아의 손을 색 도화지에 대 준 후 유아에게 나무를 오려 보라고 한다.
- 도움을 점차 줄여 간다.
- 수행되면 유아 스스로 색 도화지로 나무를 오려 보라고 한다.
- 수행되면 교사가 휴지 심에 숫자를 써 준 후 나무에 숫자만큼 스티커를 붙이는 시범을 보인다.
- 유아에게 교사를 모방하여 나무에 숫자만큼 스티커를 붙여 보라고 한다.
- 붙이지 못하면 교사가 휴지 심을 색종이로 감싸서 풀로 붙이는 것을 지도한 것과

같은 방법으로 지도한다.

- 수행되면 유아 스스로 나무에 숫자만큼 스티커를 붙여 보라고 한다.
- 수행되면 교사가 나무를 끼울 수 있도록 휴지 심 양쪽을 살짝 잘라 준 후 나무에 붙어 있는 스티커를 보고 휴지 심에 쓰인 수를 찾아 나무를 끼워 주는 시범을 보인다.
- 유아에게 교사를 모방하여 나무에 붙어 있는 스티커를 보고 휴지 심에 쓰인 수를 찾아 나무를 끼워 보라고 한다.
- 찾지 못하면 교사가 휴지 심을 색종이로 감싸서 풀로 붙이는 것을 지도한 것과 같은 방법으로 지도한다.
- 수행되면 유아 스스로 나무에 붙어 있는 스티커를 보고 휴지 심에 쓰인 수를 찾아 나무를 끼워 보라고 한다.
- 수행되면 유아의 특성에 맞는 적절한 강화제를 제공한다.

☞ 나무에 스티커 붙이는 것을 어려워하면 순서대로 1~2개까지 붙이는 것을 지도한 후 수행되면 점차 숫자를 늘려 가도록 한다.

☞ 나무에 스티커를 붙이는 활동을 통해 자연스럽게 수 개념을 익힐 수 있다.

휴지 심, 가위, 색종이, 색 도화지 등

색종이로 휴지 심 감싸기

휴지 심에 숫자 써 주기

나무에 스티커 붙이기

나무를 끼울 수 있도록 휴지 심 양쪽을
살짝 잘라 주기

휴지 심에 나무 끼우기

나무에 스티커 붙이기

나무에 스티커 붙이기

완성된 숫자 나무

완성된 숫자 나무

망원경 놀이

스피커로 활용

* 사진 출처: 령 트리오 재구성

부록

관찰표

놀이편 (II)

관찰표

놀이편 (II)

연령	번호	목표	시행일자	습득일자
4~5세	111	일회용 접시의 구멍에 구슬 넣기		
	112	수정토 분수		
	113	모래 속 보물찾기		
	114	선과 같은 색 브레인 플레이크스 올려놓기		
	115	트리나무에 지문 찍기		
	116	페트병 비눗방울 놀이		
	117	계란판에 플레이콘 붙이기		
	118	플라스틱 빵칼로 두부 자르기		
	119	커피 컵 뚜껑 구멍에 수정토 붓기		
	120	거미줄 공 던지기		
	121	색 얼음으로 그림 그리기		
	122	폼폼이로 포도 색칠하기		
	123	그림자 맞추기 경주		
	124	판다 얼굴 꾸미기		
	125	돌에 물감 칠하기		
	126	과자 따먹기 경주		
	127	색 모래 그림 그리기		
	128	셀로판지로 나비 만들기		
	129	점에 압정 꽂기		
	130	숟가락으로 수정토 옮기기		
	131	에어 캡으로 지구 물감 찍기		
	132	염색 소금으로 그림 그리기		
	133	풍선에 물감 묻혀 모양 찍기		
	134	파리채로 그림 그리기		
	135	꽃잎 액자 만들기		
	136	옷걸이로 모빌 만들기		
	137	플레이도우 탁구공 불기		

〈계속〉

연령	번호	목표	시행일자	습득일자
5~6세	138	일회용 접시로 수박 만들기 1		
	139	거북이 만들기		
	140	키친타월 심지와 스티커로 모빌 만들기		
	141	포크로 튤립 꽃 그리기		
	142	항아리 핑거페인팅		
	143	스티커 색종이로 모양 맞추기		
	144	민들레 홀씨 만들기		
	145	딸기 아이스크림 만들기		
	146	양초로 그림 그리기		
	147	국자로 공 옮기기 놀이		
	148	페트병을 불어 비눗방울 그림 그리기		
	149	포크로 사자 그리기		
	150	폼폼이로 애벌레 만들기		
	151	또래와 블록 쌓기 경주하기		
	152	색 전분 마블링 판화		
	153	종이접시로 닭 만들기		
	154	숫자만큼 폼폼이 붙이기		
	155	종이접시로 사자 꾸미기		
	156	머핀 컵 꽃 만들기		
	157	펭귄 만들기		
	158	또래와 경주하기		
	159	포크로 고슴도치 그리기		
	160	포도에 이쑤시개 끼워 모양 만들기 1		
	161	종이컵을 빨대로 불어서 떨어뜨리기		
	162	고무줄 스트링 아트		
	163	종이꽃 화분 만들기		
6~7세	164	종이컵 꽃 화분 만들기		
	165	신문지 커튼 만들기		
	166	수정토를 500ml 생수병에 붓기		
	167	계란판 색칠하기		
	168	고슴도치 만들기		
	169	폼폼이로 애벌레 집게 만들기		
	170	1~5에 스티커 붙이기		
	171	포도에 이쑤시개 끼워 모양 만들기 2		
	172	백조 만들기		
	173	길 따라 붕붕차 타기		

〈계속〉

연령	번호	목표	시행일자	습득일자
6~7세	174	색 쌀로 코끼리 꾸미기		
	175	종이컵으로 꽃밭 만들기		
	176	수건 타고 떠나요		
	177	일회용 접시로 수박 만들기 2		
	178	애벌레 만들기		
	179	나무 꾸미기		
	180	수수깡으로 사자 얼굴 꾸미기		
	181	병원 놀이		
	182	포일 그림 그리기		
	183	토끼 만들기		
	184	폼폼이 던지기		
	185	종이접시로 퍼즐 만들기		
	186	기차놀이		
	187	포크로 공작새 그리기		
	188	색 쌀로 나비 꾸미기		
	189	도넛 게임		
	190	감사 카드 만들기		
	191	눈사람 만들기		
	192	꽃잎으로 꽃 모양 만들기		
	193	실로 그림 그리기		
	194	발도장으로 꽃 모양 만들기		
	195	6~10에 스티커 붙이기		
	196	물건 옮기는 게임		
	197	의자 앉기 게임		
	198	영아와 놀아 주기		
	199	키친타월 심지와 종이꽃으로 모빌 만들기		
	200	숫자 문어 만들기		
	201	스티커 나무 만들기		

● 저자 소개 ●

임경옥(Lim Kyoungook)
강남대학교 특수교육학과 학사
경기대학교 교육대학원 유아교육 석사
강남대학교 교육대학원 유아특수교육 석사
단국대학교 대학원 유아특수교육 박사
전 무지개 특수아동교육원 원장
전 수원여대 사회복지과 겸임교수 및 나사렛대학교, 수원과학대학교 등 외래교수
현 수원여자대학교 아동보육과 교수

<저서 및 역서>
장애영유아발달 영역별 지침서1~5권(공저, 학지사, 2010)
특수교육학개론(공저, 학지사, 2017)
아동권리와 복지(공저, 공동체, 2018)
발달지체영유아 조기개입-인지편(학지사, 2017)
발달지체영유아 조기개입-신변처리편(학지사, 2018)
발달지체영유아 조기개입-수용언어편(학지사, 2018)
발달지체영유아 조기개입-표현언어편 I (학지사, 2018)
발달지체영유아 조기개입-표현언어편 II (학지사, 2018)
발달지체영유아 조기개입-소근육운동편 I (학지사, 2018)
발달지체영유아 조기개입-소근육운동편 II (학지사, 2019)
발달지체영유아 조기개입-대근육운동편(학지사, 2019)
발달지체영유아 조기개입-사회성편(학지사, 2020)
발달지체영유아 조기개입-놀이편 I (학지사, 2021)
특수교구교재제작(공저, 학지사, 2018)
장애아보육과정(중앙교육, 2019)
방과후보육과정(중앙교육, 2019)
교사! 그 아름다운 이름(학지사, 2019)
보육교사 일반직무교육(개정판, 공저, 양성원, 2020)
원장 일반직무교육(개정판, 공저, 양성원, 2020)
보육교사 심화직무교육(개정판, 공저, 양성원, 2020)
원장 심화직무교육(개정판, 공저, 양성원, 2020)

<주요논문>
예비영아특수교사들의 관찰실습경험에 대한 질적 연구(한국특수아동학회, 2013)
장애영아 미술치료 연구동향 분석-1997년부터 2012년까지 전문 학술지 중심으로(한국특수아동학회, 2013)
보육교사의 전문성 인식과 통합교육 신념에 관한연구(사회복지실천연구, 2013)
예비보육교사들의 실습경험에 대한 이야기(한국콘텐츠학회, 2016)
아동복지전공 예비보육교사들이 보육실습에서 경험하는 딜레마에 대한 탐색(한국콘텐츠학회, 2016)

11

발달지체 영유아 조기개입 - 놀이편 (II) -

2022년 1월 25일 1판 1쇄 인쇄
2022년 1월 30일 1판 1쇄 발행

지은이 • 임경옥
펴낸이 • 김진환
펴낸곳 • **(주) 학지사**

04031 서울특별시 마포구 양화로 15길 20 마인드월드빌딩
대표전화 • 02)330-5114   팩스 • 02)324-2345
등록번호 • 제313-2006-000265호

홈페이지 • http://www.hakjisa.co.kr
페이스북 • https://www.facebook.com/hakjisabook

ISBN 978-89-997-2564-7 93370

정가 18,000원

출판 · 교육 · 미디어기업 학지사

간호보건의학출판 **학지사메디컬** www.hakjisamd.co.kr
심리검사연구소 **인싸이트** www.inpsyt.co.kr
학술논문서비스 **뉴논문** www.newnonmun.com
교육연수원 **카운피아** www.counpia.com